하루 한 번
호오포노포노

ハワイに伝わる癒しの秘法
みんなが幸せになるホ・オポノポノ(SITH HOOPONOPONO)
by イハレアカラ・ヒューレン*(Ihaleakala Hew Len)*

Copyright © 2013 by Ihaleakala Hew Len, SAKURABA Masafumi
All rights reserved.

Korean Translation Copyright © 2013 by Minumin

Korean translation edition is published by arrangement with
Ihaleakala Hew Len, Ph. D c/o Serene Co., Ltd.(SITH Ho'oponopono ASIA Office).

이 책의 한국어판 저작권은 Serene Co., Ltd.와
독점 계약한 ㈜민음인에 있습니다.
저작권법에 의해 한국 내에서 보호를 받는 저작물이므로 무단 전재와 무단 복제를 금합니다.

부와 건강, 행복을 부르는 하와이인들의 습관

하루 한 번
호오포노포노

I love you
I'm sorry
Thank you
Please forgive me

SITH
Ho'oponopono

이하레아카라 휴렌 · 사쿠라바 마사후미
이은정 옮김

판미동

차례

머리말 진정한 자유와 풍요, 행복을 스스로 되찾는 법 ·· 8

1장. 만남
현재의 삶을 불행하게 만드는 과거의 기억 ·························· 11

기억을 정화하여 진정한 삶으로 | 가르침을 부정했지만 결국 가까워진 모르나와 나 | **신성한 존재와 직접 연결되는 법** | **기존의 심리치료와 전혀 다른 방법** | **정화로 열린 새로운 인생** | 죄를 범한 정신장애인 수용 시설을 정화하다 | 수용 시설에 일어난 기적 | 책임 회피가 가져오는 결과 | **무슨 일이 생기면 100% 나의 책임** | 출발점은 모든 것을 나의 책임이라고 받아들이는 것 | 나의 호오포노포노 체험기 - 기억이 만든 현실을 극복하다 | **문제의 원인은 모두 자기 자신에게 있다** | 신성한 존재가 보내준 영감에 따라 살았던 모르나

2장. 원리
진정한 삶이 선사하는 자유와 풍요, 행복 45

신성한 존재에서 나온 빛이 본래의 모습에 도달하려면 | 세상을 보는 잠재의식이라는 색안경 | **의식의 구조** | **인간은 기억을 제거하기 위해 태어난 존재** | 고민의 내용은 상관없다, 다만 정화할 뿐 | **잠재의식의 기억을 제거하는 과정** | **세상 모든 것은 깨달은 존재** | 에너지와 파동을 정리하다 | 나의 호오포노포노 체험기 - 나도 토지와 건물을 정화할 수 있다 | **집착을 버리고 그 자체의 의식에 맡겨라** | 자신이 변해야 세상이 변한다 | **제로 지점에 서면 자신의 진정한 역할을 찾을 수 있다** | **노력하지 않아도 꽃피는 재능** | 식재료가 레시피를 가르쳐 주다 | 나의 호오포노포노 체험기 - 새로운 발상이 솟아나다 | **만사를 있는 그대로 받아들이면 병이 날 리가 없다** | 남이 앓고 있는 병의 원인도 모두 내 안에 있다 | 정신 질환은 영혼이 빠져나가 생기는 병 | 잠재의식을 혼란시키는 이름이 정신 질환의 원인이 된다 | 고혈압 치료에도 효과가 있다 | 실제 임상에서 나타난 성과 | 나의 호오포노포노 체험기 - 치료하기 가장 어려운 환자가 회복되다

3장. 실천
잠재의식을 정화해 본연의 삶을 사는 방법 ……………… 89

중요한 것은 제로가 되는 일 | **잠재의식을 정화하는 호오포노포노의 방법** | 네 마디 말이 선사한 놀라운 체험 | 나의 호오포노포노 체험기 – 불가사의한 일만 일어난다 | 내면의 아이를 돌보고 사랑하자 | **내면의 아이를 돌보는 방법** | 유년 시절에 내면의 아이의 존재를 깨닫다 | 나의 호오포노포노 체험기 – 양보할 수 없는 것 | 네 마디 말 대신 정화를 지속해 주는 것 | **정화 도구 사용법** | 정화를 지속해 주는 시포트 상품의 효과 | 시포트 상품으로 고민이 해소되고 인생이 바뀌다

4장. Q&A
세 사람의 대담 ··· *123*

시든 식물이 되살아나다 | **호오포노포노를 믿지 않아도 효과가 있을까** | 인간은 왜 고통에서 헤어나지 못할까 | **호오포노포노를 하면 모든 문제가 해결된다** | '신을 죽인다'는 것은 어떤 의미인가 | '100% 나의 책임'을 명심하자 | **육아에 어떻게 적용할까** | 엄마가 자유로워지면 아이도 은둔형 외톨이에서 벗어난다 | 세상 모든 것에는 존엄한 의식이 있다 | 오랜 방황 끝에 감사의 마음을 갖게 되다 | **어머니에게 받은 상처를 정화하려면** | 원망은 신성한 존재가 보내는 빛을 차단한다 | **여성이 진정한 자유를 획득하려면** | 가정 폭력과 전쟁도 정화를 통해 해결한다 | **남성에 대한 여성의 원한을 없애려면** | 정화의 시작은 내면의 아이를 사랑하는 것 | **진심으로 말하지 않아도 괜찮다**

부록. 체험기
호오포노포노로 열린 놀라운 인생의 문 ················· *163*

후기 집필 중에 일어난 불가사의한 일 ··· *204*

머리말

진정한 자유와 풍요, 행복을 스스로 되찾는 법

나는 지금 세계 각국의 사람들로부터 셀프 아이덴티티 스루 호오포노포노를 보급해 달라는 요청을 받아 여러 나라를 방문하고 있다. 사실 집에서 조용하게 지내는 것이 내 성격에는 더 잘 맞지만, 이런저런 곳을 방문해서 정화Cleaning를 계속하는 것이 내 역할이라고 생각한다. 더 정확히 말하면 나는 정화해야 할 문제를 안고 있는 사람들에게 인도되어, 그들의 잠재의식 속에 있는 기억을 제거하는 데 도움을 주라는 부름을 받고 있다. '정화' 또는 '잠재의식에 있는 기억을 제거한다'는 말이 무슨 뜻인지 모르는 독자들이 있을 것이다. 그들을 위해 여기서 호오포노포노에 대해 간단히 설명하겠다.

호오포노포노에서는 잠재의식 속에 있는 '기억'이 삶을 왜곡시킨다고 여긴다. 세계가 창조된 이래 축적돼 온 기억들이 인간의 행동과 삶에 반영되어 수많은 장애와 고뇌를 일으키고 있다.

기억을 제거해 버리면 이러한 고민과 고통은 사라진다. 호오포노포노에서는 이를 '정화'라고 부른다. 잠재의식 속의 기억을 제거함으로써 당신은 본래의 모습과 삶을 되찾아 무한한 자유와 풍요, 행복을 손에 넣을 수 있다. 또한 남에게 기대지 않고 스스로 모든 것을 해결할 수 있게 되고, 나아가 세상도 바꿀 수 있다. 한 마디로 셀프 아이덴티티 스루 호오포노포노 Self I-dentity Through Ho'oponopono=SITH 는 '누구나', '스스로' 문제를 해결할 수 있게 하는 방법이다.

이 책의 1장에서는 셀프 아이덴티티 스루 호오포노포노의 창시자인 모르나 나라마크 시메오나와 호오포노포노의 세계관을 소개하고 2장에서는 인간 본연의 삶에 대해 얘기한다. 3장에서는 구체적인 정화 방법을 다루고 있다. 4장에 수록된 대담은 호오포노포노를 더욱 깊이 이해할 수 있도록 이끌어 주며, 부록에서는 호오포노포노를 실천한 사람들의 생생한 경험담을 소개한다.

이 책을 읽는 독자들이 인간의 모든 이해를 넘어선 평화와 늘 함께하기를 기도한다. 나의 평화. Peace of I*

—이하레아카라 휴렌

---

* '인간의 모든 이해를 넘어선 평화'를 의미한다.

1장
만남

현재의 삶을
불행하게 만드는
과거의 기억

지금 당신이 고민과 불행을 안고 있거나
경제적으로 어려운 것은 모두 기억 때문이다.

기억을 정화하여 진정한 삶으로

호오포노포노는 400년 전부터 하와이 사람들에게 전해 내려오는 문제 해결 방법이다. 예전부터 하와이에서는 동료들 사이에 문제가 생기면 한 인물을 중심으로, 그와 관련된 사람들이 모여 문제를 철저하게 논의함으로써 마음을 치유해 왔다. 이러한 과정을 통해 문제의 근본 원인을 해결하고자 했다.

이 책에서 소개하는 SITH호오포노포노의 정식 명칭은 '셀프 아이덴티티 스루 호오포노포노$^{\text{Self Identity Through Ho'oponopono=SITH}}$'로, 하와이의 인간문화재인 전통 의료 전문가 (故)모르나 나라마크 시메오나(1913~1992)가 영감^{Inspiration}을 얻어 개발한 것이다.

모르나가 개발한 방법이 전통적인 방법에 비해 실은 더 원초적이고 본질적인 형태라고 생각한다. 셀프 아이덴티티 스루 호오포노포노에서는 개인이 각각의 신성한 존재와 하나가 되어 영감을 얻을 수 있기 때문이다. 신성한 존재란 생명의 원천을 의미한다. 창조주 혹은 신이라고 해도 좋고, 부처라고 해도 상관없다. 영원이라고 표현하는 사람이 있을지도 모르겠다. 하와이 말로 호오포노포노의 '호오$^{Ho'o}$'는 목표를, '포노포노^{ponopono}'는 완벽함을 의미한다. 즉 호오포노포노는 완벽해지기 위해 오류를 수정하고 잘못을 바로잡는 것이다.

만사가 완벽하지 않은 것은 잠재의식 속에 있는 과거의 기억이 재생되어 현재에 투영되기 때문이다. 잠재의식은 우주가 창조된 이후 형성된 모든 기억에 접근해서 매 순간 방대한 기억을 일깨운다. 당신이 인식하고 있는 것은 표면의식이지만 그것의 100만 배에 달하는 기억이 매초 잠재의식에서 깨어나고 있다. 그 속에 있는 질병, 사고, 좌절 등 과거의 불쾌한 기억이 인생에 투영되어 현재의 불행을 만들어 낸다. 따라서 지금 당신이 고민과 불행을 안고 있거나 경제적으로 어려운 상황에 놓여 있다면 그것은 모두 기억 때문이다.

모르나는 이러한 기억을 제거해 신성한 존재와 하나가 되는 방법을 찾았다. 그리하여 기억에 마음을 뺏기지 않고 신성한 존재에서 영감을 받아 인간 본연의 삶을 살아갔다. 다시 말해 모르나는 본래 자기 자신으로 되돌아올 수 있었다.

잠재의식 속에 '기억'이 가득 차 있으면 신성한 존재로부터 영감은 내려오지 않는다. 과거의 기억을 잠재의식 속에서 제거하기 위해서는 계속 정화를 해야 한다. 모든 불행의 원인은 자신의 잠재의식 속에 있다고 생각하고 그 기억들을 사랑하고 가엾게 여기며 그에 대해 고마워함으로써 제거해야 한다.

나는 모르나의 뒤를 이어 셀프 아이덴티티 스루 호오포노포노를 보급하기 위해 노력해 왔다. 전 세계를 돌며 클래스를 개최하고, 인간이 안고 있는 불행한 기억들을 정화하고 있다. 모르나와 내가 지금껏 해 온 일이 특별히 새로운 것은 아니다. 이는 인간이 이 세상에 탄생해서 신과 분리된 이후로 부처를 비롯한 성인들이 계속해 온 일이다. 이런 일들의 끝은 결국 하나로 귀결된다.

이 책은 호오포노포노를 알고 실천하고자 하는 사람들이 첫걸음을 내딛을 수 있도록 그 방향을 제시해 준다. 그러면 모르나와 내가 어떻게 만났는지부터 이야기를 시작하겠다.

가르침을 부정했지만 결국 가까워진 모르나와 나

나는 유타 대학에서 석사 학위를 받은 뒤 1973년에 아이오와 대학에서 교육심리학으로 박사 학위를 받았다. 이후 심리학자와 교육자를 양성하는 학교의 교장이 되었다. 또한 발달장애 등과 같은 특수한 문제를 안고 있는 아이들을 가르치고 보살피는 일을 해 왔다. 당시 내 주위에는 항상 스트레스를 안고 사는 사람들이 많았다. 나는 그중에서도 특히 장애가 있는 아이들의 가족을 보살피고 싶었다. 그래서 1976년 아이오와에서 하와이로 건너가, 1980년까지 정신장애아를 위한 학교에서 교장으로 있었다. 하지만 가정 사정 때문에 그 일은 오래 할 수 없었다.

그리고 1982년, 내 나이 마흔한 살에 셀프 아이덴티티 스루 호오포노포노의 창시자 모르나 나라마크 시메오나를 만났다. 심리학의 새로운 길을 개척하겠다는 목적이 있다거나 어떤 고민이 있어서 모르나를 방문한 것은 아니다. 마치 무언가에 이끌리듯 모르나의 클래스에 참가하게 된 것이다. 그 때는 그 클래스가 어떤 내용인지조차 몰랐다.

클래스 첫날 모르나로부터 "모든 일의 원인은 당신에게 있습니다."라는 말을 들었다. 이는 호오포노포노의 본질을 설명하는 말이지만 당시에는 어떤 뜻인지 전혀 알 수 없었다. 그저 이상한 말을 하는 사람이 다 있다고 생각했다. 클래스가 시작되자마자 모르나는 25~30명가량의 참가자가 모여 있는 테이블의 중심을 가리키며 "중국인 남성이 앉아 있는 것이 보입니까?"라고 말했다. 하지만 그런 남자는 회장 어디에도 없었다. 나는 모르나가 정신적으로 문제가 있는 사람은 아닌가 싶어서 바로 회장을 나와 버렸다.

그러고 나서 일주일 후 나는 모르나의 클래스에 다시 참가했다. 바로 전 주만 해도 클래스 도중에 회장을 박차고 나왔으면서 그 클래스에 왜 다시 참가하기로 했는지, 지금 생각해 봐도 그 이유를 알 수 없다. 우리는 가끔 과거를 되돌아보며 '그때 왜 그런 행동을 했을까'라는 의문에 빠진다. 하지만 우리는 실제로 행동을 스스로 선택하기보다는 잠재의식이 유도하는 대로 행동하고 있다. 그리고 나 역시 잠재의식에 따라 클래스에 다시 참가한 것이다. 그때는 클래스 도중에 나가지 않고 마지막까지 겨우 자리를 지키고 있었다.

클래스가 끝나자 모르나가 말했다.

"당신이 여기 오기 2주 전에 나는 당신이 오는 것을 봤습니다."

이 말을 들은 나는 '흥, 말도 안 되는 거짓말을 하고 있네!'하고 생각했다. 모르나는 얼핏 마음씨 좋은 할머니로 보였다. 그녀는 같이 있으면 즐거운 사람이었지만 그녀가 말하는 내용에는 아무런 근거가 없었다. 논리적으로 사고하는 나로서는 아무리 생각해도 모르나가 하는 말을 납득할 수 없었다. 나는 모르나의 사고방식을 도저히 받아들일 수 없다고 생각하면서 집으로 돌아왔다.

신성한 존재와 직접 연결되는 법

그러나 나는 다시 모르나를 찾아가게 된다. 나 자신도 이해할 수 없는 일이지만 "가라!"는 말을 분명히 들었다. 마치 누군가가 나를 부르는 것 같았다. 그렇게 해서 세 번 연속으로 클래스에 참가하게 되었다. 모르나가 주최하는 클래스의 수강료는 500달러(약 11만 엔, 당시 한화로 약 35만 원)나 했다. 두 번이나 돈을 허비한 셈인데도 내 다리는 저절로 모르나를 향하고 있었다. 나로서도 충격적인 일이었다.

클래스에 세 번째로 참석했을 때는 모르나가 나를 정중하게 정화해 주었다. 지난번에 참가한 클래스에서 상황을 이미 이해했던 나는 그다음 날부터 모르나와 함께 일을 하게 되었다. 당시 모르나와 월급에 대한 논의도 전혀 없었고, 앞으로의 일에 대한 어떤 보증도 없는 상태였다. 나는 이혼한 지 얼마 되지 않은 상황에서 모르나의 일을 돕기 시작했다. 안정된 직업에 멋진 집, 사랑하는 가족이 있는 생활에서 벗어나 보증이나 살 집은커녕 부인은 물론이고 내 아이와도 함께 지낼 수 없는 생활이 시작되었다. 두 번이나 발길을 돌렸으면서 왜 그런 불안정한 생활을 선택했는지 나 자신도 잘 모르겠다. 모르나에게 도와 달라는 말을 들은 것도 아니었다. 그냥 자연스럽게 그렇게 되었다.

나는 가족 중에서 유일하게 대학을 나온 사람이다. 고등학교를 마치고 1962년에 콜로라도 대학을 졸업한 것도 그렇고 이후에 박사 학위를 딴 것을 포함해, 스스로 뭔가를 하고 싶다고 생각해서 그리된 것은 아니다. 단지 잠재의식에 따라 살아왔다고밖에 말할 수 없다. 모르나와 함께 일을 하게 된 것도 잠재의식이 그렇게 시켰기 때문이다.

함께 일을 하고 나서 1년이 지난 1983년, 모르나는 하와이 주의 인간문화재로 지정되었다. 하지만 모르나가 그렇게 높은 평가를 받고 있는 사람이라는 생각은 들지 않았다. 언젠가 그녀와 하와이 사람들이 많이 있는 곳에 함께 간 적이 있다. 모르나가 방에 들어가자 모두들 그녀를 피했다. 처음에는 경외심 때문인가 하고 생각했지만, 알고 보니 모르나가 전통적인 호오포노포노를 가르치지 않았기 때문이었다. 그들은 대외적으로는 모르나를 존경하는 척했지만 사실은 멀리하고 있었던 것이다.

400년이나 이어져 온 전통적인 호오포노포노에서는 지도자를 중심으로 모든 참가자가 발언을 하여 문제를 해결하고자 한다. 그러나 참가자마다 생각이 다르기 때문에 문제를 이해하고 해결하는 데 만장일치를 본 경우는 그리 많지 않다.

이런 전통적인 호오포노포노의 방식에서 탈피해, 모르나는 개인이 신 혹은 신성한 존재와 직접 연결되는 방법으로 셀프 아이덴티티 스루 호오포노포노를 제창했다. 자아를 '우하네^{Uhane}(어머니, 표면의식)', '우니히피리^{Unihipili}(아이, 잠재의식)', '아우마쿠아^{Aumakua}(아버지, 초의식)', '카이$^{Ka'I}$(신성한 존재)' 네 가지로 구분하고, 이를 통틀어 셀프 아이덴티티$^{Self\ Identity}$로 명명했다. 모르나는 호오포노포노를 개개인이 자신의 내면에 있는 신성한 존재와 연결하여 본연의 삶으로 돌아가게 하는 치유법으로 개발한 것이다. 잠재의식 속의 기억을 정화하면 표면의식과 잠재의식, 그리고 초의식을 차례대로 거쳐 신성한 존재에 도달할 수 있게 된다. 그러면 신성한 존재에서 표면의식까지 빛이 통과하듯 영감이 내려온다.

전통적인 호오포노포노에서는 지도자가 필요하지만 셀프 아이덴티티 스루 호오포노포노에서는 그런 매개자가 필요 없다. 세상에는 여러 종교가 있고 불교의 승려, 천주교의 신부, 기독교의 목사, 이슬람교의 수도자 등 다양한 매개자가 있다. 하지만 인간은 매개자 없이도 신성한 존재와 대면하고 있었다.

언젠가 나는 모르나에게 셀프 아이덴티티 스루 호오포노포노를 시작한 이유에 대해 물어본 적이 있다. 모르나는 신성한 존재와 직접 이야기를 하다가 이런 방법이 있다는 가르침을 받았다고 했다. 신성한 존재는 "내 방법과 종교적인 방법, 둘 중에 어느 쪽을 택하고 싶으냐?"라고 모르나에게 물었다고 한다. 전통적인 방식이라고 하는 하와이식 호오포노포노에서는 마지막에 "예수의 이름으로"라고 말하며 의식을 끝낸다. 말로는 전통적이라고 하지만 실제로는 가톨릭 요소가 섞여 있는 것이다.

인간은 깨달은 존재이므로 신성한 존재의 목소리를 항상 들을 수 있다. 그러나 사람들은 대부분 잠재의식 속에 있는 다양한 기억에 사로잡혀 있기 때문에 그 목소리를 제대로 들을 수 없다. 모르나에게는 신성한 존재의 목소리가 항상 들리기 때문에 그녀는 아무런 의심 없이 그 목소리를 따랐다.

누구나 모르나처럼 할 수 있다. 호오포노포노를 진심으로 이해하면 자신에게 솔직한 상태가 되고 이를 통해 정화가 가능해진다. 또한 신성한 존재의 목소리를 들을 수 있기 때문에 신부나 목사, 승려 같은 중재자 없이도 개개인이 직접 연결될 수 있다. 즉 영감이 내려오는 것이다. 신성한 존재로부터 영감을 받으면 기억에 방해 받지 않고 본래의 진정한 삶을 누릴 수 있다. 병과 번뇌, 고통에서 해방되어 깨달음의 경지에서 살아갈 수 있다.

기존의 심리치료와 전혀 다른 방법

어느 날 두 여성이 모르나를 찾아왔다. 딸 쪽에 문제가 있어서 어머니와 함께 상담치료를 받으러 온 것이다. 모녀가 자리에 앉았을 때 모르나가 나를 부르기에 함께 동석했다. 그녀가 "무슨 일이신가요?"라고 묻자 딸이 이야기를 시작했다. 내담자가 이야기를 계속하고 있는데도 모르나는 전화를 받거나 커피를 타고 여기저기 산만하게 돌아다녔다. 그녀는 내담자의 이야기를 전혀 신중하게 듣고 있지 않았다.

그동안 내가 알고 있던 심리학에 따르면 심리치료사는 상담을 받으러 온 사람의 이야기를 경청해야 한다. 그러니 모르나의 이런 상담 방식에 나는 할 말을 잃을 수밖에 없었다. 내담자가 화를 내며 돌아갈 수도 있는 상황이었다. 나는 조마조마했다.

하지만 25분이 지난 뒤 두 사람은 이렇게 말하고 돌아갔다.

"고마워요. 정말 기분이 많이 편해졌어요."

나중에 안 사실이지만 모르나는 두 사람이 오기 전에 이미 정화를 마친 상태였다. 내가 알고 있던 기존의 심리치료와는 전혀 다른 방법이었다. 딸이 고민하고 있는 일의 원인이 모르나의 내면에 있고, 고민의 내용에 상관없이 상대가 눈앞에 없어도 정화를 할 수 있기 때문에 모녀가 상담을 하러 왔을 때는 이미 고민이 해소되어 있었던 것이다.

그리고 얼마 지나지 않아 그 모녀는 모르나에게 다시 상담치료를 받으러 왔다. 이번에는 어머니 쪽에 고민이 있었다. 그녀는 딸의 고민이 속 시원하게 해결된 것을 보고 자신도 상담을 받고 싶어서 찾아왔다고 했다. 어머니는 틀니를 고치기 위해 하와이에 있는 일본계 치과 의사를 여기저기 찾아다녔지만 어떤 곳도 마음에 들지 않았다고 한다. 몇 번이나 틀니를 조정했지만 제대로 맞은 적이 한 번도 없다고 했다.

모르나는 "백인 의사에게 가세요."라고 말했다. 모르나의 영감이 그렇게 말한 것이다. 그분은 여든다섯 살로 연세가 꽤 있었다. 하와이에 거주하는 노인들은 대게 백인 의사보다 동양인 의사를 선호한다. 동양인 의사를 더 신뢰하기 때문이다. 하지만 그녀는 모르나의 조언에 따라 백인 의사를 찾아갔다. 그러고 나서 단번에 틀니가 딱 맞았다며 아주 기뻐했다. 만면에 웃음을 띠고 만족스러워 하는 모습이 참 인상적이었다.

호오포노포노는 이렇듯 사람을 만족시키고 행복하게 만들 수 있다. 그 사람이 원래 있어야 할 모습으로 되돌리기 때문이다.

모르나는 결코 자신의 일을 자랑하는 법이 없었다. 자신이 하고 있는 일을 즐겁게, 그리고 당연한 일을 하고 있다는 듯 아무렇지도 않게 해 버렸다. 나도 모르나가 하고 있는 일을 자연스레 받아들였다. 그래서 한 번도 모르나가 하는 일을 대단하다고 여겨본 적이 없다.

정화로 열린 새로운 인생

나는 모르나에게 배운 것이 하나도 없다. 모르나는 나의 잠재의식을 정화했을 뿐이다. 그 덕분에 나는 신성한 존재로부터 영감을 받을 수 있게 되었다. '정화되어 영감을 받았더니 이런 일을 할 수 있구나, 나도 한번 사람들을 정화해 보고 싶다'는 생각이 들었다. 그러나 모르나가 세상을 떠나기 전까지는 모르나가 해 온 일을 내가 이어받으리라고는 상상도 하지 못했다.

지금으로부터 16년 전인 1992년에 모르나는 독일에서 죽음을 맞이했다. 아니, 죽었다기보다는 '진화했다', '변화했다'는 말이 더 적당한 표현인 것 같다. 그녀의 죽음에는 그 어떤 전조도 없었다. 그제야 나는 처음 만난 순간부터 모르나가 나를 정화해 주었다는 사실을 알게 되었다. 모르나는 내가 올 거라는 사실을 정말 2주 전부터 알고 있었던 것이다. 두 번째로 참가한 클래스에서 모르나가 내게 한 말은 거짓이 아니었다. 모르나의 육체가 이 세상에 존재하지 않게 되었을때 나는 비로소 마음속으로 그 사실을 확실히 받아들였다.

나는 꾸밈없이 살아왔다. 삶에 어떤 계획도, 관리도, 조작도, 하지 않았다. 그저 있는 그대로의 모습으로 인생을 살아왔다. 지금도 나는 그저 모르나가 했던 일을 계속하고 있을 뿐이다. 즉 정화를 계속하고 있다. 내가 왜 이런 일을 하고 있는지는 지금도 모르겠지만, 그저 잠재의식이 이끄는 대로 삶을 살기로 했다.

나는 매 순간 그 장소에 존재하며 정화하고 있을 뿐이다. 나는 정화를 위해 존재하는 것이나 다름없다. 정화를 함으로써 일어나야 할 일이 자연히 일어나서 다음 단계로 상황이 전개된다. 나 자신이 정화로 깨끗해지면 다른 사람들도 모두 깨끗해지고 만사가 알아서 움직인다.

2008년 3월 오사카에서 클래스를 열었을 때의 일이다. 나는 교토에 있는 웨스틴 미야코 호텔의 럭셔리 스위트룸에 머물면서 클래스 장소까지 롤스로이스를 타고 편하게 오갈 수 있었다. 어느 성공한 일본인 기업가의 배려 덕분이었다. 그는 당뇨병에 시달리고 있었기 때문에 나는 그를 정화해 주었다.

일본에 있는 동안 나는 택시를 자주 이용했다. 일본에서 내 매니지먼트를 담당하고 있는 타이라 베티 씨는 택시가 최단 거리로 가지 않는 경우가 많다고 귀띔해 주었다. 하지만 택시를 타고 조금 돌아간 덕분에 2008년 7월에 도쿄의 신사를 지나게 되었다. 그리고 그곳에서 정화해야 할 수많은 영혼을 만났다. 택시는 멀리 돌아간 것이 아니라 내가 정화해야 할 곳을 돌고 있었던 것이다. 나는 계속해서 일본 사람들에게 초대를 받았고 정화해야 할 새로운 사람들을 만날 수 있었다. 이 책의 4장에 나오는 두 여성과의 대담 속에서도 나는 정화할 기회들을 부여받았다.

나는 늘 정화를 하고 있다. 정화로 인해 인생은 새롭게 전개되고 있으며, 내 앞에는 항상 정화해야 할 일들이 기다리고 있다.

죄를 범한 정신장애인 수용 시설을 정화하다

모르나와 함께 일한 지 1년이 지날 무렵 살인, 강간 등 무거운 죄를 지은 정신장애인을 수용하는 시설에서 뜻하지 않게 일하게 되었다. 아는 여성이 정신 위생을 다루는 요직에 있었는데, 그 시설에 정신과 의사가 없으니 내가 맡아주면 좋겠다는 제안을 해온 것이다.

사실 나는 심리전문가 양성에 대해서는 경험이 많지만, 정신과 의사로서 환자를 치료해 본 적은 한 번도 없었다. 나의 일이 아니라고 몇 번이나 사양했지만 그녀는 내가 무엇을 할 수 있는지 알고 있었기 때문에 쉽사리 포기하지 않았다. 나는 시설에 가지 않아도 수용자 리스트만 있으면 정화할 수 있다고 말했다. 그녀는 개인정보를 외부 사람에게 유출할 수는 없으므로 그 직책을 수락하지 않으면 리스트를 건네줄 수 없다고 응수했다. 이후 몇 개월이나 포기하지 않고 끈질기게 제안해 왔기에 나도 그만 고집을 꺾고 그 일을 수락하게 되었다. 이것이 1983년부터 1987년까지 5년간 그 시설에서 일하게 된 연유다.

시설에 도착해 보니 입구에는 카메라가 설치돼 있었고, 문은 열쇠로 열고 들어가도록 돼 있었다. 그런 입구를 몇 개 지나고 나서야 겨우 안으로 들어갈 수 있었다. 한 번 들어가면 못 나오는 게 아닌가 싶을 정도로 경비가 삼엄했다.

당시 시설에는 정원이 꽉 차 있었다. 수용자들 사이에서 일어나는 폭력은 물론이고 직원들이 폭행을 당하는 일도 빈번했다. 일주일에 한 두 번은 큰 소동이 일어났다. 시설 직원이라도 항상 벽을 등지고 수용자를 경계하지 않으면 신변이 위험할 정도였다.

그래서 수용자들이 난폭하게 날뛰지 않도록 약을 대량으로 투여하고, 수갑과 족쇄까지 채워 침대에 묶어 놓는 것이 일상적인 풍경이었다. 시설 관계자 중 어느 누구도 수용자를 빨리 회복시켜 퇴원하게 만들려는 의지가 없었다. 수용자는 의사 진단서가 없으면 밖으로 한 발자국도 나갈 수 없었다. 증상이 완화되어 수용소나 구치소 등 다른 시설로 이송될 때도 수갑과 족쇄를 찬 채 호송되었다.

나는 먼저 매일 아침 출근하기 전에 정화를 하고, 일을 하고 있는 동안에도 지속적으로 정화를 했다. 퇴근하는 도중에도 마찬가지였다. '같은 인간인데 수용자들은 어째서 이런 행동을 하는 걸까'라고 생각하며 정화를 계속했다. 모르나도 함께 정화해 주었다. 내 안에서 일어나는 여러 가지 일을 전해 주면, 모르나는 내가 출근하는 동안 계속 정화해 주었다. 모르나의 도움이 없었다면 성과가 나오기까지 더 오랜 시간이 걸렸을 것이다.

나는 수용자와 간호사에게 절대로 지시를 내리지 않았다. 환자들과 직접 이야기 하지도 않았고 따로 어떤 치료 과정을 진행하지도 않았다. 그저 수용자들의 정보가 기록된 파일을 보면서 계속 정화를 했을 뿐이다. 수용자 파일을 보고 있을 때면 내 몸 안에서 고통이 느껴졌다. 이것은 내가 수용자들과 기억을 공유하게 되었다는 의미다. 그 고통은 수용자들에게 이상행동을 일으키는 프로그램 같은 것이었다. 나는 그것을 제거하기 위해 계속 정화를 해 나갔다.

수용 시설에 일어난 기적

어느 날 키는 2미터가 넘고 체중은 150킬로그램 이상 나가 보이는 덩치 큰 사내가 내게 다가오더니 이런 협박을 했다.
"휴렌, 나는 당신을 죽일 수도 있어!"
그 말에 나는 이렇게 응대했다.
"나는 당신을 죽이는 것, 그 이상의 일을 할 수 있습니다."
이 말이 입에서 자연스럽게 흘러나왔다. 그 사내가 폭력을 휘

두를 수도 있는 위험한 상황이었다. 그러나 그는 아무 말 없이 자리를 떴다. 그때 내가 무사할 수 있었던 것도 정화를 하고 있었기 때문이라고 생각한다. 그러지 않았다면 나는 벌써 이 세상 사람이 아닐 것이다.

나는 정화를 계속 한 것뿐이지만 몇 개월이 지나자 수용자들은 안정을 찾아 갔다. 약도 줄이고, 시설 내에서는 수갑과 족쇄 없이 수용자를 이동시킬 수 있게 되었다. 얼마 후에는 회복된 수용자도 나왔다. 그는 4~5개월 뒤에 다른 시설로 옮겨 갔다.

시설 분위기도 많이 달라졌다. 전에는 퇴원할 때 족쇄와 수갑을 차고 이송되었지만 이제는 그럴 필요가 없어졌다. 수용자들은 평온해졌으며 가벼운 운동을 즐기는 사람도 생겨났다.

이전까지는 한 사람 당 평균 7년 동안 수용되어 있었지만 정화를 시작한 후로는 4~5개월 만에 일반 형무소로 이감될 정도로 수용자들의 회복 속도가 빨라졌다. 그 시설에서는 수용자 한 사람당 한 해 평균 5만 달러가 들어간다. 퇴소하는 데 평균 7년이 걸리므로, 한 사람을 치료하는 데 약 35만 달러가 드는 셈이다. 그런 수용자가 늘 마흔 명 정도 있었으니 어마어마한 비용이 들었다는 얘기다. 이제는 회복하는 데 걸리는 기간이 7년에서 4~5개월로 단축되면서 한 사람을 수용하는 데 드는 비용도

2만 달러 이하로 줄어들게 되었다.

위험 부담이 큰 일을 하면서 시설의 스태프들도 스트레스에 시달리다보니 꾀병을 부리거나 상습적으로 결근을 하는 사람이 많았다. 하지만 수용자들이 안정되니 직원들도 안정을 되찾고 출근율이 높아져 수용자에 비해 오히려 직원이 너무 많은 게 아닌가 하는 생각이 들 정도였다.

또한 전에는 시설 내에 식물을 심기만 하면 모두 말라 버려서 키울 수가 없었다. 한밤중에 아무도 없는 화장실에서 물이 계속 흘러나오는 일도 자주 있었다. 시설에서 죽은 수용자의 혼이 자신의 죽음을 인정하지 않은 채 남아 있어 생긴 일이었다. 정화를 통해 죽은 수용자의 혼이 사라지자 화장실에서 소리가 나는 일도 사라지고 식물도 아주 잘 자라게 되었다.

절대로 개선되지 않을 것 같았던 수용자들이 잇따라 퇴원해 내가 일을 그만 둘 무렵에는 시설 내 폭력이 완전히 사라졌다. 최종적으로 그 시설에는 수용자가 단 한 사람도 남지 않았다.

다시 말하지만 나는 정화를 계속했을 뿐 치료를 하지는 않았다. 내 안에 있는 기억을 떨쳐 버렸을 뿐이다. 이것이 중요하다. 내가 내 안의 기억을 제거한 결과 수용자들이 변화한 것이다.

책임 회피가 가져오는 결과

범죄를 저지른 정신장애인을 수용한 시설에서 내가 성공적으로 일을 마무리할 수 있었던 것은 결과는 생각지 않고 오로지 정화에 집중했기 때문이다. 무슨 일이든 모든 원인은 자기 자신에게 있다는 사실을 깨닫고 스스로 정화하는 사람만이 삶의 가치를 원래대로 되돌릴 수 있다. 잠재의식 속의 기억을 누군가가 정화해 줄 거라 생각하고 막연히 기다리고만 있으면, 그 기억은 언제까지고 사라지지 않는다.

이 세상에 사는 사람은 '누구나^{anybody}', '모두^{everybody}', '누군가^{somebody}', '아무도^{nobody}'로 나뉠 수 있다. '누구나' 할 수 있는 일이기 때문에 '누군가'는 하겠거니 하는 생각이 들어서 '아무도' 그 일을 하지 않는 경우가 생긴다. '모두' 누군가가 해 줄 것이라고만 생각하기 때문이다. 즉 '누구나' 해결이 가능한 일을 아무도 하지 않은 결과, 모두가 남탓만 하다가 끝나 버린다. 무슨 일이든 모두 자신의 문제로 생각하지 않고 그대로 놔두기 때문에 문제가 지속되는 것이다.

100% 자신의 책임이라고 생각하는 사람이 없으면 문제는 해결되지 않는다. 우리는 문제가 발생하면 '정부가 잘못했다', '정

치가 글렀다', '저 사람이 나쁘다', '나는 책임이 없다'는 말을 곧잘 한다. 누구라도 문제를 해결할 수 있었을 텐데, 이제부터라도 잘못을 바로잡는 게 가능한데, 나라·정치·제도 탓으로 돌리며 어쩔 수 없다고 포기해 버린다. 이래서는 결코 어떤 문제도 해결되지 않는다.

이 사실을 많은 사람이 깨달았으면 한다. 개개인이 깨닫지 못하면 그룹, 커뮤니티, 국가, 지구 환경까지 모두 파국으로 치닫는다는 사실을 알아야 한다.

눈앞에 정화할 수 있는 기회가 찾아왔을 때 자신과 관계없는 일이라고 지나치면 나중에 큰 문제로 발전한다. 자신이 100% 책임을 지지 않으면 자신의 아이 혹은 사촌, 조카, 손자, 친척 중 누군가가 그 책임을 져야 하는 일이 발생할 수도 있다.

병과 사고, 각종 실패와 오류는 이런 식으로 일어나는 것이다. 나 역시 세계를 돌며 이에 관한 강연과 클래스를 개최하고 있지만, 무슨 일에 대해서든 100% 책임을 지지 않는다면 그로 인해 손자나 증손자에게 괴로운 일을 물려 주게 될지 모른다.

무슨 일이 생기면 100% 나의 책임

이렇듯 호오포노포노에서 중요한 것은 누구에게 무슨 일이 일어나더라도 자신에게 100% 책임이 있다는 사실을 받아들이는 것이다.

나는 하와이에서 가장 성공한 사업가의 컨설팅을 맡고 있다. 매주 한 번 전화로 조언을 하며 그와 이런저런 얘기를 나눈다. 그때 무슨 이야기를 하는지는 전혀 중요하지 않다. 내 안에 어떤 감정과 감각이 있는지가 중요하다. 약속한 시간이 되기 전에 나는 그를 떠올리면서 내 안에서 일어나고 있는 감각을 정화해 전혀 고민이 없는 상태로 만들어 놓는다. 내 컨설팅으로 그 사업가는 자신감을 가지고 새로운 잡지를 발행하고 프로젝트를 세우는 등 사업을 정력적으로 전개하고 있다.

요컨대 나는 상대방에게 고민이 있으면 그 사람이 아니라 나 자신을 들여다 본다. 그리고 내 안에 있는 무언가가 그 사람에게 고민거리를 만들어 주었다고 생각하고 그 부분을 정화한다. 상대의 고민과 고통의 구체적인 내용에 대해서는 알 필요가 없다.

보통 컨설턴트나 심리치료사, 상담사, 의사 등은 고객과 환자에게 원인이 있다고 단정 짓고 조언을 하거나 치료를 한다. 자신의 기억이 환자가 앓고 있는 병의 원인이라고는 전혀 생각하지 않는 것이다.

남의 고민을 받아 주는 직업을 가진 사람은 상대의 고민까지 짊어지는 바람에 병이 나기도 한다. 예를 들어 실력 있는 심장 전문의의 경우, 예순을 넘기면 심장에 문제가 생겨 사망하는 경우가 많다. 그러므로 의사라는 이유로 찾아오는 환자를 전부 치료하려고 해서는 안 된다. 받아들일 수 있는 사람이 있고, 그냥 돌아가라고 말할 수밖에 없는 사람도 분명 있다. 그러나 정화를 하면 자신에게 적당한 사람만 찾아오게 된다.

출발점은 모든 것을 나의 책임이라고 받아들이는 것

100% 내 책임이라는 사실을 납득하고 잠재의식을 계속 정화하면 문제는 자연스레 해결된다. 자아를 좀처럼 절제하지 못하던 마리나 씨가 이를 어떻게 극복했는지 한번 들어 보자.

나의 호오포노포노 체험기
기억이 만든 현실을 극복하다

2004년, 나는 실직할 뻔했다.

당시 나는 아주 멋진 직업을 갖고 있었고, 같이 일하는 스태프들도 매우 우수했다. 하지만 스트레스가 쌓이거나 외로워지거나 아니면 이 두 현상이 동시에 일어나면 나는 주변 사람들, 특히 회사 사람들에게 엄청나게 짜증을 내고 화풀이를 하곤 했다.

예전에도 상사나 부장님에게 여러 번 주의를 받았지만 그때뿐이었다. 그러다 보니 결국 회사에서 쫓겨나기 직전까지 와 버렸다. EAP[Employment Assistance Program](근로자 원조 프로그램)에서 상담을 받으라고 해서 분노 조절 수업과 리더십 개발 훈련에 참가하기도 했다. 하지만 그 당시에만 좀 나아질 뿐 시간이 지나면 다시 원래대로 돌아오곤 했다.

내가 호오포노포노를 시작한 것은 1985년 무렵이다. 하지만 '100% 자신에게 책임이 있다'는 부분에서 항상 한계에 부딪치고는 했다.

그러던 어느 날 갑자기 부장님이 "개선의 여지가 보이지 않으면 어려운 결단을 내릴 수밖에 없다"고 통고했다. 그때 처음으로 타인의 말이 내 마음속에 들어왔다. 한편으로는 부장님을 욕하고 비난하고 싶은 기분에 휩싸였다. 부장님에 대한 여러 가지 생각이 마음 속에서 소용돌이처럼 부글

거리며 솟구쳤다.

나는 부장님을 경애하는 눈빛이 아니라 기억을 통한 눈빛으로 봤다. 기억의 눈에 비친 부장님은 최악의 사람으로, 성질이 모난 데다 부하들을 이간질해서 싸우게 만들고, 사람들 앞에서 죽고 싶을 정도로 창피를 주는 인간으로 보였다. 기억이 만들어 낸 현실에서 부장님은 사람을 뒤에서 중상모략 하는 남녀차별주의자였으며, 남을 희생시켜 자신의 업적을 쌓아가는 이기주의자였다.

그러나 나는 정말 몰랐다. 현실이라고 믿고 있던 것들이 모두 내 생각에 불과하다는 것을 도저히 이해할 수 없었다. 내 눈에 비친 부장님의 모습은 내가 만들어낸 단편적인 기억의 반영일 뿐인데, 그 사실 자체를 도저히 납득할 수 없었다.

또한 '자신의 생각에 100% 책임을 지려고 하지 않는 한, 모든 원인은 자신에게 있다'는 점도 받아들일 수 없었다. 자신에게 100% 책임이 있다는 말은 바로 자기 자신을 성찰한다는 의미다. 항상 다른 사람에게 책임을 추궁하는 나로서는 화살을 거꾸로 돌려 모든 책임의 원인을 나 자신에게서 찾는다는 것 자체가 이해 불가능한 말이었다.

하지만 어려운 결단을 내릴 수밖에 없다는 통고를 받고나자 비로소 무슨 일이 있어도 일은 계속 하고 싶다는 간절한 마음이 생겼다. 일을 계속하려면 문제 해결 방법을 강구해야 한다는 생각이 처음으로 들었다.

그래서 나는 여러 가지를 정화하기 시작했다. '자기 자신'이 무엇인지는 몰랐지만 어쨌든 전부 정화했다. 감정이 솟구치고 생각이 떠오를 때마다 하나씩 하나씩 정화해 나갔다.

내가 그렇게 된 데는 여러 가지 원인이 있겠지만 그 중에서도 특히 가족, 친척, 조상, 상사, 동료, 부하와의 관계에 대해 상담을 받았다. 상담 중은 물론이고 그 전후로도 계속 정화를 했다. 여기에서 가장 중요한 부분은 나 자신이 창조될 무렵까지 거슬러 올라가던 도중에 발견한, 왕따를 당했던 기억과 내 안의 내면의 아이를 정화한 일이었다.

정화는 몇 개월 동안이나 계속되었다. 그러던 중 부장에 대한 화가 어느 정도 사라졌다는 것을 깨달았다. 전처럼 외로움을 타지 않는다는 사실도 발견했다. 부하 직원에게 미친 듯이 화내는 일도 사라졌다. 여기에는 화를 내면 회사에서 잘릴지도 모른다는 위기감이 한 몫 했다고 본다.

그렇게 되기까지 가장 힘들었던 때는 꾸준히 정화해야 한다는 사실을 알게 된 순간이었다. 말로는 설명하지 못할 정도로 힘든 일 년을 보냈지만, 그래도 정화를 쉼 없이 계속했다. 지난 일 년 동안 성실하게 정화를 해왔다는 사실이 큰 힘이 되었기에 가능한 일이었다. 나는 사실 한 번 분위기를 타기 시작하면 잘 멈추지 않는 타입이다.

그리고 몇 개월 뒤 믿을 수 없는 일이 일어났다. 부장님이 다른 지점으로 가게 된 것이다. 내가 '100% 내 책임'이라는 말을 받아들이자마자 마치 자신의 임무는 다 끝났다는 듯 부장님은 그렇게 가 버렸다.

나는 지금 신성한 존재의 마음으로 부장님을 바라볼 수 있다. 기억의 렌즈를 통하지 않고 신이 만든 그대로의 훌륭한 존재로 부장님을 받아들이게 되었다.

부장님은 내게 성찰할 수 있는 기회를 선사했다. 나는 정화를 통해 이 사실을 이해했다. 만약 부장님이 없었더라면 '내 책임'이라는 말을 끝까지 이해하지 못했을 것이다. 부장님이 내게 준 선물은 정말 놀라운 것이었다. 진심으로 감사드린다.

한 가지 더, 자신이 책임을 진다는 것이 무엇인지 알게 되어 더욱 나은 인간으로 성장할 수 있게 된 것에 대해서도 진심으로 감사드리고 있다.

— 마리나 I. 구에레로

마리나 씨가 안고 있던 문제는 '100% 내 책임'이라는 말을 받아들이고 정화함으로써 해결되었다. 이렇듯 문제 해결의 출발점은 '모두 내 책임으로 받아들이는 것'에 있다.

문제의 원인은 모두 자기 자신에게 있다

심리학에서는 상담을 할 때 내담자가 안고 있는 문제에 심리 치료사가 어떻게 대처할 것인지를 생각한다. 환자에게 문제가 있다고 전제하기 때문이다.

그러나 호오포노포노에서는 문제는 어디까지나 치료사 자신에게 있다고 생각한다. 그래서 자기 자신을 정화한다. 문제의 원인은 모두 자기 자신에게 있다. 만약 상대방에게 싫은 부분이 있다면 그것은 자신의 내면에도 그런 부분이 있기 때문이다. 자신의 내면에 있는 것을 정화해서 제거하면 상대방의 싫은 부분도 사라지게 된다.

범죄를 저지른 정신장애인을 수용한 시설에서 내가 직접 수용자에게 정화하는 방법을 가르쳤더라면, 문제를 훨씬 빨리 해결하지 않았을까 하고 말하는 사람들이 있다. 그러나 내가 나 자신의 기억을 정화해서 제거하지 않는 이상 수용자들은 과거의 기억으로부터 자유로워질 수 없다.

수용자의 변화를 느낀 간호사와 직원들이 내게 개인적으로 고민을 상담하러 오는 일도 종종 있었다. 그러나 나는 시설 관계자에게도 정화하는 방법을 가르쳐 주지 않았다. 시설이 엉망진

창인 것은 모두 내 탓이었기 때문이다.

다만 딱 한 사람에게만 정화하는 방법을 가르쳐 주었다. 그 사람은 수용 시설의 직원이었다. 그가 건물 안에 있다는 사실만으로도 수용자들은 조용해졌는데, 그 이유는 그 사람이 환자의 겨드랑이를 세게 꼬집고 다니기 때문이었다. 그게 얼마나 아프고 무서웠으면 수용자들도 숨을 죽이고 있었을까 싶다. 시간이 지나자 그 직원 역시 내가 있을 때면 수용자들이 소동을 일으키지 않는다는 사실을 알아차렸다. 그는 방법을 알고 싶다고 했다.

그 직원은 베트남 전쟁 당시 보병 부대의 선두에 서서 걸었던 정찰병이었다. 그야말로 공포와 늘 함께하는 임무를 맡았던 것이다. 이로 인한 트라우마가 그를 매우 차갑고 엄격한 남자로 만들었다. 그 직원은 경찰차와 추격전을 벌이는 등의 위험한 행동을 놀이 삼아 할 정도로, 정신적 균형을 잃기 직전이었다. 화가 나면 이성을 잃고 날뛰는 바람에 그 시설에서 근무하는 동안에도 경찰에 체포되어 복역한 적이 있을 정도였다. 그 직원은 자신의 그런 성격을 고민하고 있었다. 내가 엉망진창인 시설을 호오포노포노로 개선시켜 가는 것을 보고는 자신의 감정도 컨트롤 하고 싶다고 말했다. 그가 그런 삶을 살게 된 원인도 내 안에 있었기 때문에 나는 그 직원을 정화해야 했다. 그러나 당시 나는 시설 정화에 온통 정신을 뺏기고 있었기에 그에게 직접 정화하는 방법을 가르쳐 주었다. 그 직원의 성품은 호오포노포노를 시작하고 나서 눈에 띄게 평온해졌다. 함께 근무하는 간호사들이 놀랄 정도였다.

신성한 존재가 보내준 영감에 따라 살았던 모르나

나는 수용 시설에서 근무하는 한편 주말에는 모르나의 클래스를 도왔다. 그때는 모르나가 아직 건강했을 때로, 일부 강연에는 내가 메인 강사로 들어가는 등 서로 협력하면서 호오포노포노를 보급하기 위해 노력했다. 그러나 모르나는 내게 그 어떤 것도 가르쳐 주지 않았다. 모르나가 정화를 하고 나면 그저 다음에 해야 할 일이 자연스럽게 보였다.

모르나에게는 불가사의한 점이 몇 가지 있었다. 애리조나의 클래스에서 있었던 일이다. 그날은 내가 강의를 하는 순번이었다. 모르나는 늘 하던 대로 뒤에서 눈을 감고 앉아 있었다. 그런데 어느 순간부터 강의를 듣고 있던 참가자들의 몸이 모두 흔들리고 있었다. 너무 갑작스러운 일이었다. 왜 모두들 몸을 똑같이 흔들고 있나 하고 뒤를 돌아보니 모르나가 몸을 흔들고 있었다. 모르나의 움직임에 동조하는 듯 그곳에 모인 모든 사람들이 몸을 흔들고 있었던 것이다.

모르나는 독특한 감각을 가진 사람이기도 했다. 어느 클래스에서 참가자가 질문을 했는데 답이 궁했던 나는 이렇게 말했다.

"뭐라고 대답을 해야 할지 모르겠군요."

그때 뒤에 앉아 있던 모르나가 눈을 뜨더니 이렇게 말했다.

"참 쓸데없는 질문이네요."

그러고는 다시 눈을 감아버렸다.

나는 참가자에게 나 자신을 맞춰 어떻게든 답을 생각해내야 한다고 믿었기 때문에, "쓸데없다."라는 답은 안중에 없었다.

하와이 대학에서 열린 클래스에서는 이런 일도 있었다. 그때는 모르나가 메인 강사로 강연을 하고 있었는데, 어느 참가자로부터 황당한 질문을 받았다. 그러자 모르나는 이렇게 말했다.

"당신은 전생에 미역이었군요."

쓸데없는 일이나 이해할 수 없는 일에 모르나는 결코 무리해서 대응하려고 하지 않았다. 그 대신 모든 일에 영감으로 반응했다. 모르나는 참으로 불가사의한 사람이었다.

그리고 모르나의 정화를 계기로 내 인생은 전환기를 맞이했다.

2장
원리

진정한 삶이
선사하는
자유와 풍요, 행복

신을 찾고 있는가? 신은 제로 지점에 있다.
아름다움을 원하는가? 아름다움은 제로 지점에 있다.
진실도, 예술도 모두 제로 지점에 있다. 무한한 풍요도 그곳에 있다.

신성한 존재에서 나온 빛이 본래의 모습에 도달하려면

「반야심경」에 '색즉시공 공즉시색色卽是空 空卽是色'이라는 말이 있다. 이 말은 세상에서 인식되는 것이 모두 '공空, Void'이라는 것을 의미한다. 불교에서는 이를 깨달음이라고 한다. 어떤 일이 일어나더라도 그 모든 것이 자신 안에서 일어나는 것임을 이해하고 잠재의식에서 제거하면 그 일은 더 이상 일어나지 않는다.

우리는 본래 공의 상태로 존재해야 한다. 호오포노포노는 우리가 타고 태어난 제로Zero 상태로 되돌리는 과정이다. 불교에서 말하는 공空이란 아무것도 보이지 않는, 아무것도 아닌 상태를 뜻한다. 잠재의식이 아무것도 없는 공의 상태여야만 신성한 존재에서 나오는 빛이 의식을 통과할 수 있다. 이 빛은 항상 우리 곁에 머물고 있다. 그러나 이것을 깨닫지 못하게 만드는 장애물이 있는데, 바로 잠재의식 속에 있는 기억이다. 인생에서 경험하는 모든 문제와 고민은 기억이 재생되는 과정에서 일어난다. 그러므로 호오포노포노로 잠재의식을 정화하여 공의 상태가 되면 자연스레 빛은 의식을 통과하게 된다. 이렇게 되면 신성한 존재에서 나오는 영감이 기억에 방해받지 않고 의식까지 무사히 도달할 수 있다.

셰익스피어의 『햄릿』에서 주인공 햄릿은 "사느냐, 죽느냐 그것이 문제로다."라고 말할 정도로 삶을 고민한다. 그러나 마지막에 햄릿은 이렇게 말한다.

> 이렇게 해서 어찌할 바를 모르는 의식이 내 모든 것을 겁쟁이로 만든다.
> 이렇게 해서 본래의 생생한 피의 색을
> 우울한 기억의 창백한 회반죽으로 빈틈없이 발라
> 그리하여 의기가 왕성한 중요한 일도
> 그런 기억에 화를 입어 흐름을 바꿔
> 결국에는 행동의 이름을 잃어버리는구나.

이 '어찌할 바를 모르는 의식', '그런 기억'이야말로 잠재의식 속에서 당신을 괴롭히고 있는 기억이다. 기억이 '우리의 모든 것을 겁쟁이로 만들고', '본래의 생생한 피의 색을 우울한 기억의 창백한 회반죽으로 빈틈없이 발라', '중요한 일도 그런 기억에 화를 입어 흐름을 바꿔', '행동의 이름을 잃어버리게' 만든다.

그러므로 잠재의식의 기억을 제거하면 햄릿의 말처럼 당신은 중요한 일을 용감하게 해낼 수 있다.

세상을 보는 잠재의식이라는 색안경

우리는 원래 깨달은 존재다. 따라서 잠재의식의 기억도 당연히 없었을 것이고, 말없이 조용히 지내는 존재였을 것이다. 그러나 현실에서는 잠재의식 속에 있는 기억으로 인해 신성한 존재가 의식을 통과되지 못한 채 기억이 재생되고 있다.

우리가 다른 사람에 대한 첫인상을 멋대로 해석해 버리는 것도 이 기억을 바탕으로 하기 때문이다. 기억이 없는 제로 상태라면 상대방을 있는 그대로 바라볼 수 있지만 대다수의 사람들은 아무래도 타인에 대한 기억을 통해서 상대방을 판단하게 된다.

앞서 나는 정신장애인 범죄자를 수용한 시설에서 일한 경험을 소개했다. 수용자들을 만날 때 '이 남자는 사람을 죽였다.'라고 생각했다면, 그 기억이 만든 벽 때문에 그 사람의 진정한 모습을 알아보지 못했을 것이다. 정신장애가 있는 범죄자가 아니라도 '이 사람은 이런 일을 하고 있다', '이런 말을 한 적이 있다', '이러저러한 사람'이라는 사전 데이터가 쌓이면, 그 사람에 대한 선입관이 생겨 진정한 모습을 보지 못하게 된다.

이러한 선입관은 스스로가 만든 것으로, 자신의 기억에 기초해서 세상을 보는 방법이다. 인간은 색안경을 쓰고 사람을 보고 있다. 이는 병에 걸린 상태와 같다. 이런 기억은 놓아 버려야 한다. 기억을 '놓고 떨치는 것', 그것이 바로 '정화'다.

우리에게는 기억의 속박에서 벗어나 자유로워지든가, 속박된 채 곤란한 상황을 계속 견디든가 둘 중 하나를 선택할 자유가 있다. 다시 말해 당신은 호오포노포노를 할 것인지, 하지 않고 살아갈 것인지를 선택할 수 있다.

좋은 기억이든 나쁜 기억이든, 기억의 내용은 상관없다. 정화를 하면 플러스도 마이너스도 없다. 불교에서는 집착하지 말라고 가르친다. 집착을 놓아 버리면 무無가 되고, 그후에 비로소 깨달음을 얻을 수 있다. 호오포노포노란 지금 자신이 살고 있는 세계를 놓아 버리는 일이다. 그렇게 함으로써 비로소 진정한 자유를 얻을 수 있다.

의식의 구조

다음 페이지의 그림은 개인의 의식 구조를 나타낸 것이다.

제일 위에 있는 부분이 생명의 원천인 '신성한 존재Infinite/Divine Intelligence'로, 신이나 부처 혹은 최고위의 신이라고 할 수 있다. 중요한 점은 신성한 존재가 우리 안에 있다는 것이다. 그러므로 어떤 일이든 남에게 의지하거나 남 탓으로 돌릴 수가 없다. 우리 안에 신성한 존재가 있기 때문에 남에게 도움을 청할 수 없는 것이다. 모든 것을 스스로 해결하는 수밖에 없다. 즉 모든 책임은 자신에게 있다. 그리고 신성한 존재만이 잠재의식 속의 기억을 제거할 수 있다.

그 밑에 있는 '초의식Super Conscious Mind'은 항상 신성한 존재와 일체화된 상태로, 인간의 잠재의식과 신성한 존재를 잇는 가교 역할을 한다. 하와이에서는 초의식을 아우마쿠아Aumakua라고 부른다. 아우Au란 시공을 초월한다는 의미이며 마쿠아Makua는 신,

정령을 의미한다. 초의식은 개인이 가지고 있는 신성한 존재와 의식을 연결하는 역할을 한다.

초의식에는 잠재의식에 있는 기억이나, 표면의식에 있는 인식이 전혀 존재하지 않는다. 초의식은 잠재의식의 아버지와 같은 존재로, 잠재의식에서 올라온 정보와 청원을 신성한 존재에게 전달하기 위해 정리해 준다. 여기서 정보를 제대로 정리해서 올려 보내면, 신성한 존재는 잠재의식 속의 기억을 제거한 뒤 영감을 내려 보낸다.

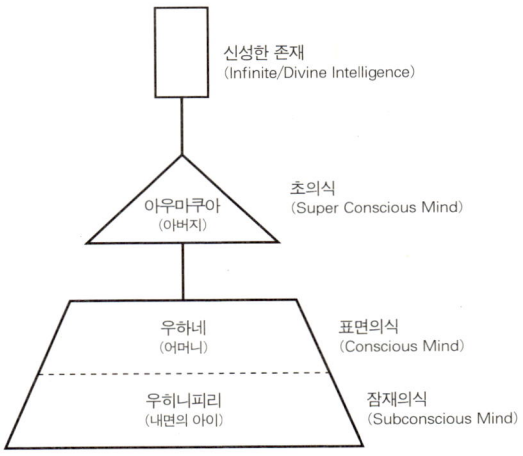

초의식 아래에 있는 '표면의식$^{Conscious\ Mind}$'은 우리가 평소에 인식하고 있는 마음과 뇌의 상태다. 하와이에서는 이를 우하네^{Uhane}라고 하며, 표면의식은 잠재의식의 어머니와 같은 존재다.

'잠재의식$^{Subconscious\ Mind}$'은 표면의식 하단에 있다. 이곳에서 재생되는 다양한 기억이 우리가 원래 살아야 할 진정한 삶을 방해한다. 여기서 재생되는 부정적인 기억이 고민과 고통, 그리고 질병의 원인이 된다. 하와이에서는 잠재의식을 우니히피리^{Unihipili}라고 하며 내면의 아이$^{Inner\ Child}$라고도 부른다. 이는 내면에 있는 어린아이를 의미한다. 내면의 아이는 고귀한 존재지만, 사랑받지 못하거나 제대로 된 돌봄을 받지 못한 아이와 비슷하다. 내면의 아이는 병과 고통, 고민 등 부정적인 기억을 증폭시키기도 한다.

가장 위에 있는 신성한 존재부터 가장 밑에 있는 잠재의식까지 이 모두를 통틀어 셀프 아이덴티티라고 부른다.

인간은 기억을 제거하기 위해 태어난 존재

잠재의식은 늘 방대한 양의 기억을 깨우고 있다. 가령 표면의식의 기억을 1이라고 하면 우리를 움직이게 하는 잠재의식의 기억은 거의 100만으로, 1초당 100만 개의 기억이 깨어나고 있는 셈이다. 잠재의식의 기억 창고는 이 세계가 창조되던 시대와 맞닿아 있다. 이처럼 방대한 양의 기억이 움직이고 있는데도 우리는 그 존재조차 모르고 있다. 즉 알아차리지도 못하는 기억에 지배 받고 있는 셈이다. 자신은 상황을 잘 알고 행동하고 있다고 생각하지만 실제로는 데이터에 조종되고 있는 것이다. 기억에 있어서 좋고 나쁜 것은 없다. 기억은 데이터일 뿐이다. 단지 그 안에는 멋진 일도 화가 났던 일도 모두 포함돼 있어 우리들은 그러한 기억에 따라 행동하고 있을 뿐이다.

사람은 태어난 그 순간부터 잠재의식의 기억을 정화하기 위해 살아간다. 잠재의식은 방대한 데이터에 계속 접속하고 있기 때문이다. 이제 갓 태어난 신생아라 할지라도 과거의 기억과 무관할 수는 없다. 사람은 누구나 제거해야 할 기억을 잠재의식에 저장하며 살고 있다.

여성이 임신하기 전부터 자신을 계속 정화하면 자신과 잘 어울리는 아이를 잉태할 수 있다. 태아 또한 깨끗하게 정화된 상태에서 태어난다. 산모와 아이 모두에게서 기억이 완전히 제거되면 입덧도 하지 않게 된다. 입덧은 정자와 난자가 수정할 때의 마찰이 기억에 남아서 생기는 현상이다. 따라서 그런 기억이 없으면 입덧도 없게 마련이다.

하지만 아무리 깨끗하게 정화를 열심히 해도 기억이 완전히 제거된 상태로 아이가 태어나지는 않는다. 우리는 기억을 제거하기 위해 이 세상에 살고 있기 때문이다. 기억을 제거할 필요가 없다면 태어날 이유도 없다.

고민의 내용은 상관없다, 다만 정화할 뿐

호오포노포노는 잠재의식의 기억을 제거해서 진정한 자유를 손에 넣어, 본래의 모습으로 자신을 되돌리는 방법이다. 이는 다른 사람의 고민과 고통을 해결하고자 할 때도 마찬가지다. 항상 자기 자신 안에 있는 기억을 제거해야 한다.

보통 심리치료사는 환자의 고민을 듣고 나서 이를 해결하기 위해 조언을 해 준다. 그러나 호오포노포노에서는 고민의 내용을 듣지 않는다. 단지 정화를 하는 것만으로 충분하다. 상담이나 심리치료를 받으러 오는 사람의 고민과 고통이 무엇인지는 몰라도 된다. 설령 그 내용이 무엇인지 안다고 하더라도, 표면의식의 기억보다 100만 배나 많은 잠재의식의 기억 중에 어떤 것이 그 사람을 고민하게 만드는지 알 수 없기 때문이다.

사실은 상담하러 온 사람과 만날 필요도 없다. 얼굴을 마주하지 않아도, 고민과 고통이 무엇인지 몰라도 호오포노포노에서는 정화가 가능하다. 나는 실제로 상담하러 온 사람의 이름을 듣는 것만으로 그 사람을 정화할 수 있다. 내 잠재의식 속에 있는 기억을 제로로 만들면 그 사람의 고민도 사라져 버린다.

심리치료가 잘 되지 않는 것은 심리치료를 담당하는 사람 자신이 제로 상태가 되지 않기 때문이다. 오로지 상담 받으러 온 사람에게만 문제가 있다고 생각하고 대응하기 때문에 그것이 진정으로 해결되지 않는 것이다.

앞서 말했듯 호오포노포노는 상대방을 직접 만나지 않아도 정화를 할 수 있다. 하지만 금전적인 대가를 받는 경우에는 일단 상담자가 오면 이야기를 들어주는 등 그럴 듯한 행동을 취한다. 앞에서 모르나가 상담자의 이야기도 제대로 듣지 않고 방 안을 왔다갔다했다는 일화를 소개했지만, 이것은 그녀가 남을 전혀 신경 쓰지 않는 성격이기 때문에 가능한 일이었다.

잠재의식의 기억을 제거하는 과정

셀프 아이덴티티 호오포노포노는 '회개^{Repentance}', '용서^{Forgiveness}', '변환^{Transmutation}'의 세 단계로 이루어져 있다.

회개는 기억을 제거하기 위해 거치는 첫 단계다. 이 단계에서는 잠재의식의 기억이 재생된 것에 대해 표면의식이 책임을 지고 회개를 한다. 용서를 구하는 일도 잠재의식의 기억을 제거하기 위해 꼭 필요한 단계다.

신성한 존재는 회개하고 용서를 구하는 표면의식의 청원을 받아들여 잠재의식의 기억을 변환하고 제거한다. 기억을 변환할 수 있는 것은 신성한 존재뿐이다.

잠재의식의 기억을 제거한 후 신성한 존재에서 영감을 얻어 본래의 삶으로 되돌리는 과정은 다음과 같다.

① 표면의식이 잠재의식의 기억, 즉 내면의 아이를 사랑해 준다.
② 표면의식의 작용으로 생긴 청원이 잠재의식에서 초의식으로 올라간다.
③ 초의식은 항상 신성한 존재와 공명하고 있으므로, 잠재의식에서 올라온 청원을 정리해 신성한 존재로 올린다.

④ 신성한 존재는 초의식에서 올라온 청원을 받아들인다. 그러면 '마나'가 초의식과 표면의식을 경유해 내려와서 잠재의식의 기억을 제거해 무(無)로 만든다.
⑤ 잠재의식의 기억이 제거되면 신성한 존재에서 나온 영감이 초의식과 표면의식을 경유해 잠재의식으로 내려온다.
⑥ 영감을 받은 사람은 자신도 모르는 사이에 본연의 삶을 살게 된다.

기억을 제거해서 영감을 얻는 과정

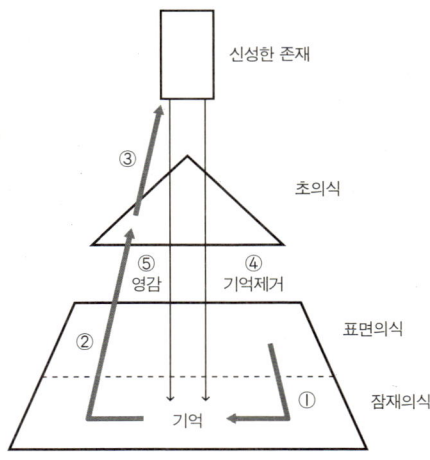

④번에 언급된 '마나^{Mana}'는 하와이 말로 '신이 가지고 있는 본래의 힘'을 의미한다. 이것이 세제를 묻힌 수세미처럼 잠재의식에 붙어 있는 기억과 더러움을 깨끗이 씻어 낸다. 마나가 잠재의식을 깨끗하게 만들면 그곳으로 영감이 내려온다. 만약 기억을 지우지 못하면 영감은 내려오지 않는다. 표면의식·잠재의식·초의식이 삼위일체가 되어야만 신성한 존재에 접속할 수 있다. 이를 위해 내면의 아이에 말을 건네고 사랑해 줘야 한다.

신성한 존재에서 내려오는 영감은 하나의 정보이기는 하지만 사고에 기초한 것은 아니다. 영감이 내려오면 그 정보에 따라 자연스럽게 행동하게 된다. 그러므로 나중에 왜 그런 일을 했을까 하고 고민할 필요가 없어진다. 그저 자연스러운 흐름에 따라 자신은 물론 모든 존재에게 올바른 행동을 취하게 된다. 어쩌면 자신이 생각지도 못했던 행동을 하게 될지도 모른다.

기억에 속박되어 살 것인지 아니면 호오포노포노로 기억의 속박에서 벗어나 자유로워질 것인지는 스스로 선택해서 결정하라.

세상 모든 것은 깨달은 존재

호오포노포노로 정화하면 나무와 땅은 물론, 주위 사람들까지 여러분을 사랑하기 시작한다. 앞서 얘기했듯이 죄를 범한 정신장애인들을 수용한 시설도 피로 뒤덮인 곳이었지만, 호오포노포노를 통해 한순간에 깨끗한 땅으로 정화되었다. 그러자 그 시설과 관련된 사람, 건물, 식물까지 모두 변하기 시작했다.

정화를 통해 주위 사물과 사람들이 자신을 사랑하게 되면 어떤 일이 일어날까? 만약 그곳이 회사라면 "우리는 지금 이런 상태입니다. 아무쪼록 우리를 자유롭게 해 주세요."라는 목소리가 들려올 것이다. 직접 회사를 경영하는 경우, 이 목소리에 따라 회사에 대한 강박을 놓아 주면 조직이 알아서 매출을 끌어올릴 것이다. 회사 자체가 깨달은 '존재'이기 때문이다.

예를 들어, 내가 컨설팅을 하고 있는 고객 중에 토지를 팔고 싶어 하는 사람이 있었다. 그 사람은 토지를 파는 일에 지나치게 집착하고 있었다. 나는 이렇게 말해 주었다.

"땅을 놓아 버리세요. 그러면 땅이 알아서 자신에게 어울리는 소유자를 발견해 낼 겁니다."

내 말대로 토지에 대한 집착을 버리자 구매자가 바로 나타났다. 그 순간 토지는 내게 "이 사람이 샀으면 좋겠다."라고 말했다.

우리를 움직이는 것은 100만 분의 1에 해당하는 기억에 지나지 않는다. 그러므로 어떻게 할까 고민하지 말고 그냥 놓아 버린다고 생각하는 편이 좋다. 그러면 일이 저절로 풀린다. 토지를 비롯하여 세상 모든 것은 각각의 의식을 가지고 있다. 우리는 그것들을 소유하고 있다고 생각하지만 의식까지 관리할 수는 없다. 어떻게든 해 보려고 아등바등해도 안 풀리던 일도 집착하는 마음을 떨쳐 버리면 잘 풀리기 마련이다. 그래서 구매자가 저절로 나타난다든지 예상보다 높은 이익을 내는 경우가 생기는 것이다.

에너지와 파동을 정리하다

호오포노포노로 내면을 정화함으로써 훌륭한 건물을 짓고 있는 건축가, 엔도 와타루 씨를 소개한다. 그가 창조한 건물들은 시공주에게 좋은 평가를 받고 있을 뿐만 아니라 일과 관련된 사람들에게 호오포노포노의 긍정적인 영향도 전해 주고 있다.

나의 호오포노포노 체험기
나도 토지와 건물을 정화할 수 있다

어느 날 인터넷 서핑 중에 우연히 '세상에서 가장 독특한 심리치료사'라는 제목의 글을 읽었다. 그 글에서 "나는 나 자신의 내면을 치료했을 뿐이다."라는 구절을 읽는 순간, '바로 이거야!' 하는 생각이 들었다. 좀 더 읽어내려 가자 결정적인 말이 나왔다.

"단지 그것이 당신의 인생에 존재하고 있다는 것만으로 그것은 '당신의 책임'이다."

내가 오랫동안 찾아 헤매던 것을 드디어 찾았음을 직감했다. 나는 바로 호오포노포노 기본1 클래스에 등록했다. 기본1 클래스 첫 수업에서 "주소만 알아도 정화를 할 수 있다."는 휴렌 박사의 조언을 듣고 정말 잘 찾아 왔다는 생각이 들었다.

여태껏 토지와 건물을 정화하는 것을 직업의 근간으로 삼고 싶다는 생각을 품고 그 방법을 오랫동안 찾아 왔다. 나는 건축업에 종사하면서 주택, 점포, 빌딩의 개보수 공사 등을 주로 하고 있다. 나는 항상 물질적인 것을 다루고 있지만 그 너머에 있는, 눈에 보이지 않는 에너지와 파동을 정리해 줄 수 있는 '그 무언가'를 찾고 있었다.

내가 찾고 있던 그 무언가는 바로 호오포노포노였다. 수업이 끝난 후 배운 것을 복습하면서 업무에 활용할 방법을 모색했다.

기본1 클래스가 끝나고 3일 후, 오랫동안 내 마사지를 담당해 온 마사지 선생님에게 연락이 왔다. 집을 리모델링하고 싶다는 의뢰였다. 만나서 자세한 이야기를 들어 보니, 부인이 매월 한 번씩 집에 명상 선생님을 초청해 명상회를 열고 있는데, 그 방을 리모델링하고 싶다는 내용이었다.

아직 나만의 정화 스타일이 완성되지는 않았지만 존경하는 선생님의 의뢰였기 때문에 서둘러 정화를 했다. 호오포노포노를 시작한 지 3일째 되는 날, '해 보자!'는 의지가 마구 솟아났다. 엄청난 에너지였다.

실은 마사지 선생님의 말을 계기로 토지와 건물의 에너지와 파동을 정리해야겠다는 생각을 품게 되었다. 휴렌 박사를 만났을 때 존경하는 선생님에게 의뢰를 받아서 흥분된다고 말했다. 그래서 먼저 흥분된 기분을 정화했다. '나는 무지하고 힘도 없다'고 생각하면서 오로지 제로 상태가 되기 위해서 내면을 정화하면, 신성한 존재가 반드시 파동을 정상적으로 되돌려 줄 것이라 믿었다. 이런 믿음을 바탕으로 공사를 시작하기 50일 전부터 매일 내면세계를 정화했다.

공사는 아무 문제없이 무사히 끝났다. 내 안에는 저 멀리, 말로는 표현할 수 없는 영역이 생겼다. 앞으로 이 방법을 더 열심히 연마해서 일하는 데 적용해야겠다고 다짐했다. 건물의 보다 깊은 부분까지 개선했다는 느낌과 성취감, 충실감, 감사의 마음이 끓어올랐다. 공사가 끝난 후 선생님의 부인에게 "아주 마음에 들어요. 정말 멋져요."라는 인사말을 들었다. 공사 내용만이 아니라 팀 전체가 칭찬을 들어서 더욱 기뻤다.

다음 공사는 갤러리 리모델링이었다. 물론 이 건물도 호오포노포노로 정화를 했다. 여기서도 의뢰인에게 "아주 좋다. 무엇보다도 공사를 해 준 장인들이 매우 훌륭한 분들이라 더욱 좋다."는 말을 들었다. 그 다음 공사에서도 결과물과 장인들의 솜씨에 대해 극찬을 받았다.

호오포노포노는 사람, 물건, 사건과 사고, 삼라만상 모든 것에 효과를 발휘한다고 생각한다. 먼저 자기 자신을 정화하고 그다음은 신성한 존재에게 맡기면 된다. 호오포노포노를 접한 후로 내 인생은 크게 변했다. 휴렌 박사를 만나 호오포노포노를 배운 것은 정말 행운이라고 생각한다.

앞으로 나는 내 인생에 존재하는 모든 것에 대해서 100% 책임을 지고 내면을 바라보며 정화를 계속해 나갈 것이다. 이 자리를 만들어 준 타이라 베티 씨에게 진심으로 감사드린다.

— 엔도 와타루

엔도 와타루 씨는 체험담은 이게 전부가 아니다. 나머지 이야기는 뒤에 있는 부록에서 자세히 소개하겠다.

집착을 버리고 그 자체의 의식에 맡겨라

앞서 토지와 건물의 예에서 보았듯이 회사도 마찬가지로 의식을 가지고 있다.

일손이 부족해서 업무가 제대로 진행되지 않고, 사원을 채용하려고 해도 적당한 인재가 없어 고민하는 회사가 있다고 하자. 이럴 때는 사람을 어떻게든 고용해야 한다는 집착을 버리고 회사를 자유롭게 해 주면, 지금 있는 인원으로도 업무를 충분히 처리할 수 있게 되고, 이익을 올리는 시스템이 자연스레 완성된다.

토지, 건물, 회사 등은 모두 깨달은 존재이므로 무엇이 좋은지 스스로가 잘 알고 있다. 인간과 함께 존재하는 동식물부터 작은 사무용품, 나사, 핀 종류 등 사소해 보이는 것 하나하나까지 세상 모든 것이 남에게 의존하지 않고 자립하고 있다.

그래서 나는 집과 차, 냉장고 등에게도 정화하는 방법을 가르친다. 가령 차가 고장 나면 내 안에 있는 기억 때문에 그렇게 된 것이지 외부 세계에서는 아무 일도 일어나지 않은 것이다. 단지 차와 연결된 내 의식이 투영되어 차에 이상이 생겼을 뿐이다. 그러므로 의식에서 차에 해당되는 부분을 놓아 버리면 차는 자신이 하고 싶은 일을 하기 시작한다.

우리가 흔히 의식이 없다고 생각하는 물건에도 의식이 있다. 만년필을 한번 보자. 만년필 제조회사에 채무가 있으면 만년필도 그 성질을 이어받게 된다. 그리고 그 만년필을 사용하는 회사 역시 성질이 바뀐다. 이럴 때를 대비해 회사에 정화 방법을 가르쳐 두면 좋다. 그러면 회사 스스로 정화를 해서 회사에 어울리는 만년필이 찾아오게 된다. 사실 나는 정신장애인을 수용한 시설에서 근무할 때도 수용소 건물에 정화하는 방법을 가르쳤었다. 이후 수용소 건물은 스스로 정화를 하기 시작했는데 그것과 같은 원리다.

자신이 변해야 세상이 변한다

앞서 어떻게 할까 고민하지 말고 고민을 떨쳐 버리라고 언급했다. 자신에게 집착하면 좋은 결과가 나오지 않기 때문이다.

하와이 주 정부의 문부성으로부터 교장 선생님들이 모인 회의에서 강연을 해 달라는 의뢰를 받은 적이 있다. 나는 평소처럼 강연 전에 정화를 했다. 그런데 정화를 하는 동안 내가 무슨 말을 하더라도 이 회의에서 강연할 기회가 두 번 다시 오지 않는다는 사실을 알게 되었다. 아무리 정화를 해도 교장 선생님들은 내 얘기에 귀 기울이지 않을 것이라는 게 확실히 보였다.

바로 이 점이 중요하다. 호오포노포노로 무언가를 하려고 할 때 자신의 이익을 생각하면 안 된다. 자신을 위해서가 아니라 모두를 위해서 가장 좋은 것이 무엇인지 생각해야 한다. 무언가를 하려고 할 때는 항상 의도가 있게 마련이다. 이 때 결과에 대해 구체적인 기대를 하면 그 기대에 조종 당한다. 그래서 나는 정화할 때 항상 제로로 돌아갈 것만 생각한다.

회의장에 들어서니 약 200~300명이나 되는 교장 선생님들이 앉아 있었다. 30분으로 예정되었던 강연이 1분 정도 남았을 때 나는 '아, 정말 다행이다. 질문 없이 끝낼 수 있겠다.'하고 생각했다. 그런데 이야기를 다 끝내고 퇴장하려 할 때 한 분이 손을 들었다. 그때 '이 질문 때문에 여기서는 두 번 다시 강연할 수 없겠구나'하는 생각이 들었다. 교육 예산은 그대로인데 범죄자 교정 예산은 왜 늘리느냐는 질문이었다.

그 순간 나는 정화를 했다. 질문에 대한 영감이 내려왔지만 그대로 말할 수 없어서 머뭇거렸다. 영감이 준 대답은 이러했다.

"범죄를 저질러서 형무소에 있는 사람들은 여러분 학교의 졸업생입니다."

이 말을 해 버리면 1회에 5000달러나 하는 강연의 의뢰가 더 이상 들어 오지 않을 것이라는 사실을 알고 있었지만, 영감이 일러준 그대로 말할 수밖에 없었다. 내 안의 무언가가 원인이 되어, 나는 두 번 다시 그 모임에 초대 받지 못할 말을 하고 말았다. 하지만 정화를 한 뒤에는 후회 없이 그곳을 떠날 수 있었다.

세상을 바꾸려면 자기 자신이 변해야 한다. 교장 선생님들도 그들 스스로 변해야 한다. 내가 두 번 다시 그분들 앞에서 강연을 하지 못한다는 말은 그들에게 변하고자 하는 의지가 없다는 의미다. 이러니 세상이 좋아질 수가 없다. 자신이 변하지 않으면 세상도 변하지 않는다.

또한 자신의 기대에 집착하면 좋은 결과가 나오지 않는다. 이렇게 되었으면 좋겠다, 저렇게 되었으면 좋겠다는 생각은 자신의 집착일 뿐이다. 이것을 떨쳐 버리고 제로 상태가 되면, 세상이 기뻐하는 좋은 방향으로 만사가 움직일 것이다.

제로 지점에 서면 자신의 진정한 역할을 찾을 수 있다

모든 것은 제로에서 시작된다. 최근에는 과학자 중에 제로에

'영원'이 있다는 사실을 밝혀내려는 사람도 있다. 하지만 과학자는 논리적으로 생각해서 답을 찾으려고 하기 때문에 기억을 이미 갖게 되는 셈이다. 무언가를 의도하거나 이렇게 되고 싶다고 생각하는 것은 제로 상태가 아니다. 잠재의식의 기억이 재생되면 욕망과 원망으로 나타난다. 야구 선수 혹은 우주 비행사가 되고 싶다는 목표 그 자체가 과거 기억이 재생되어 나타난 욕망을 의미한다. 이는 제로 상태가 아니다.

제로의 축에 서면 노력과는 상관없이 마땅히 일어나야 할 일이 자연스레 일어난다. 부를 비롯해 우리에게 필요한 모든 것이 제로에 존재한다. 신성한 존재가 자신에게 가장 알맞은 것을 주고, 인간관계의 연을 만들어 주며, 필요한 장소로 이끌어 준다.

'나는 이렇게 되고 싶다', '이렇게 했으면 좋겠다'라고 생각하는 것은 신성한 존재에게 명령을 내리는 것이나 마찬가지다. 신성한 존재는 그렇게 작은 것보다 더욱 큰 것을 주고 싶어 한다.

부처는 '공空이 되면 깨달음이 있다'고 했다. 제로 상태가 되면 필요한 것을 모두 받게 된다. 반대로 제로 상태가 되지 않으면 자신에게 어울리는 것이 무엇인지 알 수 없다. 가령 입학시험에 합격하고 싶다는 소망이 그 사람의 인생을 진정한 삶으로 이끌어 갈지는 아무도 모른다.

내가 아는 사람 중에 연간 50~60억 달러나 버는 사람이 있다. 하지만 그 사람은 결코 행복하지 않았다. 욕망에 마음을 빼앗겼기 때문이다. 사람이 행복하게 살아가려면 한 사람 당 100만~200만 달러 정도면 충분하다. 그 정도로 흡족한 생활을 손에 넣기 위해서는 제로 상태가 되어야 한다. 제로 지점에 서면 인간이든, 물건이든, 동물이든, 식물이든, 자신의 진정한 역할과 모습을 찾을 수 있다.

신을 찾고 있는가? 신은 제로 지점에 있다. 아름다움을 원하는가? 아름다움은 제로 지점에 있다. 진실도, 예술도 제로 지점에 있다. 무한한 풍요도 그곳에 있다.

신성한 존재는 창조주기 때문에 그 존재에게 가장 잘 어울리는 것, 그 존재가 가장 행복해지는 방법을 알고 있다. 당신에게 가장 어울리는 배우자, 직업, 집까지 전부 알고 있다.

이를 막고 있는 것은 바로 우리의 사고와 기억이다. 정말로 깨끗한 상태가 되면 욕망도 없고 바라는 미래도 없다. 다른 사람과의 경계도 사라진다. 진정한 제로 상태가 되면 모두가 가족이 된다. 이것이 이른바 '원네스oneness(하나가 되는 것)'라는 것이다. 하지만 미래를 상상하는 것만으로도 기억의 세계에 들어가 버린다는 점을 잊지 말아야 한다.

모든 것이 제로에 이르면 싸울 일도 없어지고, 원한도 질투도 사라진다. 그러나 자신이 제로 상태인지 아닌지 알 수 없을 때가 많다. 그러므로 제로 상태가 되기 위해서는 매 순간 정화를 계속하는 일이 무엇보다 중요하다.

노력하지 않아도 꽃피는 재능

호오포노포노로 잠재의식을 계속 정화해서 제로 상태가 되면 신성한 존재에서 영감이 내려온다. 이 상태가 되면 노력하지 않아도 원래 그 사람이 가지고 있던 재능을 발휘할 수 있게 된다. 영감이 내려오기 때문에 힘들게 노력하거나 아이디어를 짜낼 필요도 없다. 하이든, 베토벤과 함께 고전파로 불리는 오스트리아의 천재 음악가 볼프강 아마데우스 모차르트는 잎이 떨어지는 것을 보고도 음계를 느끼고 작곡을 했다고 한다.

원래 우리는 스스로 뭔가를 하려고 적극적으로 애쓰지 않아도 재능을 자연스레 발휘할 수 있는 공간을 제공받게 되어있다. 이것이 본연의 모습이다. 예를 들어 미국의 골프 선수 타이거 우즈는 골프를 치는 데 훌륭한 재능을 가지고 있다. 그는 보통 사람들처럼 열심히 연습하지 않아도 훌륭한 성적을 낼 수 있다.

예전에 일본에 갔을 때 유명한 도예가인 데구치 코이타로 씨를 교토에서 만나 함께 도자기를 감상한 적이 있다. 데구치 씨는 아주 좋은 감식안을 가지고 있어서 수많은 작품들 중에 어떤 것이 상을 받고, 팔릴 만한 작품인지 금세 알아차렸다. 이것도 신성한 존재에서 내려온 영감이 있어야 가능한 일이다.

사실 이러한 능력을 발휘하는 것은 그리 어려운 일도 아니다.

가령 카메라맨이 "사랑해."하고 카메라에게 말을 걸어 주면, 카메라맨이 고민하지 않아도 카메라가 알아서 가장 좋은 앵글을 맞춰 준다. 카메라맨과 예술가의 차이는 여기에 있다. 신성한 존재와 이어지면 노력과는 상관없이 재능이 꽃피게 되어 있다. 이를 위해 정화를 계속해야 한다.

식재료가 레시피를 가르쳐 주다

다음 글은 요리사, 기업가, 푸드 저널리스트, 식품 회사 CEO로 성공한 오리로 파 페이스 오가와 씨의 체험담이다. 아이디어가 자연스럽게 솟아올라 재능이 빛을 발했다는 체험을 소개한다.

나의 호오포노포노 체험기

새로운 발상이 솟아나다

내 친구 댄 카니엘라 아카카 주니어는 하와이의 문화인류학자다. 그 친구는 만물에 생명이 있다고 생각하며 기회가 있을 때마다 땅을 축복(땅에 기도를 올리는 일)하곤 한다. 암석, 땅, 먹거리에도 생명이 있다니, 정화를 알기 전까지 나는 댄이 하는 말을 전혀 이해하지 못했다.

그런데 정화를 하고 나자 먹거리, 토지, 차 등 수많은 것들이 내게 말을 걸어왔다. 머리가 이상한 사람이라고 생각할지도 모르지만 실제로 이런 경험을 한 사람에게는 아주 자연스러운 일이다.

농장에 농축산물을 사러 가거나 양식장에 어패류를 사러 갈 때, 나는 그곳에 있는 사람들과 토지, 건물을 정화한다. 식재료를 부엌으로 운반하고 나서는 식재료를 손에 꼭 쥐고 마치 비싼 보석을 쳐다보듯 바라본다. 그리고 "사랑해, 고마워."하고 말을 건다. 그러다가 어떤 때는 눈물이 나기도 한다.

나는 매번 경건함으로 충만해지고 매 순간 느끼는 아름다움에 압도 당한다. 나는 식재료에게 말을 걸기도 한다.

"너희들은 지금부터 정말 특별한 이벤트를 위해 요리되는 거란다."

그러면 식재료들은 내 말을 듣고 야단법석을 떨기도 하고 조용해지기도 한다.

나는 항상 새로운 레시피를 만들어 왔지만 힘들다고 생각한 적은 없다. 새로운 발상이 저절로 솟아나기 때문이다. 어떤 레시피가 좋은지 식재료가 가르쳐 주기도 한다.

나는 부엌에 있는 조리 도구, 냄비, 칼, 가스, 오븐 등에도 정화를 한다. 모든 도구가 나를 다정하게 대해 주고, 고장이 나서 나를 힘들게 만드는 일도 없다. 그 덕분에 조리 도구를 아주 오랫동안 쓰고 있다.

내 요리는 마치 식재료와 조리 도구의 댄스 같다. 조리를 할 때는 내가 제일 좋아하는 아름다운 하와이의 음악을 튼다. 식재료와 조리 도구는 이 음악에 맞춰 춤을 춘다.

나는 내 직업을 사랑한다. 나는 요리라는 선물을 손님과 친구, 지역 행사에 모인 사람들에게 보내면서 큰 기쁨을 느끼고 있다. 내게 요리는 직업이 아니라 정화를 할 수 있는 귀중한 기회이며, 그 자체가 인생의 목적이기도 하다. 그리고 목적이 있다는 말은 자유롭다는 말이기도 하다.

― 오리로 파 페이스 오가와 (글로 하와이 사장)

오가와 씨는 오랜 고생 끝에 영감을 받아 지금은 성공적인 삶을 살고 있다. 오가와 씨의 체험담을 통해 탁월한 재능이 어떻게 발휘되는지 알아봤다. 부록에서는 재능에 대한 이야기 외에 그녀의 또 다른 체험을 확인할 수 있다.

만사를 있는 그대로 받아들이면 병이 날 리가 없다

세상만사를 있는 그대로 받아들이고 살면 병이 날 리가 없다. 그러나 실제로 우리는 이런저런 기억에 갇혀서 이래야 한다, 저래야 한다며 인생 방식을 결정한다. 이러한 삶의 방식은 결국 질병을 일으킨다. 하지만 세상만사를 있는 그대로 받아들이고 흘러가듯이 살면 병원에 가거나 의사를 찾을 필요가 없다.

한 여성이 키우던 나무가 시들해진 일이 있었다. 그녀는 물도 꾸준히 주고 비료도 필요한 만큼 주었다고 했다. 내가 나무에 말을 걸어 봤더니, 나무가 그 이유를 알려 주었다.

"물이 너무 많아서 빠져 죽을 것 같아요."

"비료에 연소 성분이 들어 있어서 숨쉬기가 힘들어요."

그 여성에게 나무가 한 말을 전했다. 그 뒤 물과 비료의 양을 줄이자 나무는 스스로 건강을 되찾았다.

사람들은 나무가 원래 지닌 생명력보다 인간의 지식이 훌륭하다고 착각하고 있다. '나무는 이렇게 키워야 한다'며 스스로 만든 기억에 사로잡혀 있는 것이다. 그러면 나무의 건강만 나빠질 뿐이다. 사람들은 이렇게 말도 안 되는 일을 저지르고 있다.

대표적인 예가 분재다. 억지로 가지를 비틀고 자르고 축소해서 가지가 자유롭게 자라지 못하도록 만들어, 인간이 생각하는 이상적인 형태에 식물을 무리하게 끼워 맞추려고 한다. 분재는 자연의 흐름을 무시하고 인간의 규칙을 강요하는 행위인 셈이다.

이런 일을 당하는 분재도 참으로 불행하지만 분재를 즐기는 사람에게도 문제가 일어난다. 분재가 취미인 사람 중에는 관절염을 앓고 있는 이들이 많다. 식물의 모습을 있는 그대로 즐기지 않고 억지로 무리를 가하기 때문에 식물뿐만 아니라 자기 자신도 그 기억의 투영으로 병이 나게 되는 것이다.

남이 앓고 있는 병의 원인도 모두 내 안에 있다

병에 걸린 사람들도 심리치료를 받으러 나를 찾아온다. 그러면 나는 '원래 이 사람은 완벽한 상태인데 내 마음속의 무엇이 병으로 나타난 것일까?'하고 생각하며 그 병과 관련된 내 잠재의식의 기억을 정화한다. 먼저 원인이 된 기억이 무엇인지 신성한 존재가 영감으로 가르쳐 주면, 잠재의식 속의 기억을 정화한다.

자신의 표면의식과 잠재의식의 기억에서 답을 구하려고 하면 기억이 내놓는 대답밖에 얻을 수 없다. 그것은 변명 같은 것이다. 신성한 존재에서 영감이 내려오지 않으면 진짜 원인을 알 도리가 없다.

허리가 좋지 않은 여성이 심리치료를 받으러 왔을 때의 일이다. 나는 평소처럼 내 잠재의식 속에서 '이 사람은 허리가 아프다.'라는 기억을 정화하고 제거했다. 그러자 '사실은 허리가 아니라 왼쪽 발등이 안 좋다.'라는 영감이 내려왔다. 그분에게 "의사한테 가서 허리가 아니라 왼쪽 발등을 치료하세요."라고 전했다.

그 여성은 실제로 발등을 치료하자 허리까지 말끔히 나았다고 한다. 그 분은 허리나 발등의 문제를 해결하기 위해서가 아니라, 고통의 원인이 되고 있는 기억을 제거하기 위해 나를 찾아온 것이다. 다시 말해 그 여성은 내가 정화를 해야 하는 존재이기 때문에 내 앞에 나타났다.

사람을 치유하거나 뭔가를 바꾸기 위해서 필요한 것은 어디까지나 자신의 잠재의식 속에 있는 기억을 정화하는 일이다. 이를 통해 누군가를 아프게 만드는 자기 자신의 기억을 제거해야 한다. 우리는 모두 이러한 기억을 가지고 있다. 모든 사람의 기억에서 병이 사라지면 현실에서도 병은 사라질 것이다.

정신 질환은 영혼이 몸에서 빠져나가 생기는 병

요즘 우울증을 비롯한 정신 질환이 늘고 있다. 정신 질환은 영혼과 관련이 있다. 이 병은 표면의식과 잠재의식 사이에 있는 영혼이 빠져나가 버릴 때 일어난다. 가령 교통사고로 중상을 입은 경우, 통증이 너무 심하면 영혼이 육체에 머물지 못하고 천상으로 가게 된다. 이때 육체가 그대로 정지하여 제 기능을 잃게 되면 영혼은 돌아올 곳을 잃어버린다. 그후에 육체가 정상적으로 회복되더라도 영혼은 여전히 천상에 있을 수 있다. 그 틈을 타서 영혼이 없는 육체를 지박령地縛靈이 차지해 버리는 것이다.

현실 세계에서 아주 고통스럽거나 슬픈 일을 겪으면, 영혼이 육체에 머물지 못하고 나가 버린다. 우울한 상태에서도 영혼이 육체를 떠난다. 그러면 집중을 못하거나 누워만 지내게 되고, 나중에는 살아 있다는 감각조차 느낄 수 없게 된다. 결국에는 자살

충동에 사로잡힌다. 정신병원에 입원한 우울증 환자의 눈을 보면, 눈동자에 생명이 없다는 것을 알 수 있다. 정상적인 사람의 눈 안쪽 가장자리에는 삼각형의 하얀색 부분이 있지만, 영혼이 몸에서 빠져나가면 이 부분이 사라진다. 이 부분이 흐릿한 사람일수록 정신장애를 앓고 있을 가능성이 높다.

이럴 때 호오포노포노를 하면 영혼이 육체로 되돌아온다. 즉 자신의 잠재의식을 정화하면 영혼을 육체로 되돌릴 수 있는 것이다. 자신 안에 일어나는 그 무엇이 그 사람을 그렇게 만들었는지를 신성한 존재에게 물어보고 정화하라. 그러면 그의 영혼은 돌아올 것이다.

잠재의식을 혼란시키는 이름이 정신 질환의 원인이 된다

이름 탓에 정신 질환을 앓는 경우도 있으니 특히 조심해서 지어야 한다. 사람이든 건물이든, 그 무엇이든 간에 이름은 매우 중요하다. 본인이 원하지 않는 이름으로 불리면 일이 잘 안 풀린다.

시애틀에 있을 때 한 어머니가 내게 전화를 해 왔다. 딸이 만성 우울증이라고 했다. 나는 먼저 내 안의 무엇 때문에 그분의 딸이 만성 우울증에 걸렸는지 신성한 존재에게 물었다. 그러자 어떤 목소리가 들려 왔다.

"딸의 이름이 잘못되었다."

나는 그 어머니에게 물었다.

"따님 이름을 어떻게 지었습니까?"

어머니의 대답은 이랬다.

"딸아이는 양쪽 집안 모두에게 첫 손녀였어요. 부모님들은 서로 원하는 이름이 있었죠. 그래서 제가 양쪽 집안에서 지어준 이름을 반반씩 따서 지었어요."

그때 신성한 존재의 목소리가 들려 왔다.

"그 아이의 이름은 '마우히아'로 해야 한다."

마우히아는 평화라는 뜻이다. 이어서 신성한 존재가 말했다.

"어머니가 옳은 이름을 물어볼 때까지 먼저 말해서는 안 된다."

하지만 그 어머니는 올바른 이름이 뭐냐고 묻지 않았고, 나 역시 아무 말도 하지 않았다. 만약 마우히아로 개명하면 잘못된 이름이 빚어낸 기억은 제거되고 만성 우울증도 나을 텐데 말이다. 하지만 물을 때까지 답하지 말라는 신성한 존재의 말에는 분명 이유가 있었을 것이다.

이는 두 가지 이름을 절반씩 따서 이름을 붙인 경우로, 이름에

너무 많은 의미가 들어 있어도 그다지 좋지 않다는 것을 보여 준다. 사람은 물론이고 회사나 빌딩에도 제대로 된 이름을 붙이지 않으면 일이 잘 풀리지 않는다. 잠재의식을 혼란시키는 이름은 피하는 게 좋다.

정신 질환 치료를 위한 '뫼비우스의 띠' 명상법

앞서 얘기한 문제를 해결하는 방법의 하나로 명상을 소개한다.

> 1. 신성한 존재를 향해 "인피니티"라고 외치며 명상을 시작한다.
> 2. 뫼비우스의 띠를 연상하며 문제가 되는 일이나 물건을 그 중심에 둔다.
> 3. 명상을 하고 있으면 신성한 존재가 뫼비우스의 띠 위를 돌면서 필요한 부분을 모두 정화해 준다.
> 4. 신성한 존재가 정화를 마치면 뫼비우스의 띠 위에서 자연스레 멈춘다.

뫼비우스의 띠는 무한대로 이어진다. 이 띠는 테이프를 한 번 꼬아서 양 끝을 이어 만든 것으로, 테이프의 평평한 면이 영원히 계속된다. 이는 시작도 끝도 없는 영원을 상징한다. 그런 의미에서 뫼비우스의 띠는 제로와 마찬가지다. 이 뫼비우스의 띠를 이미지로 형상화해 명상하면 영원의 일부인 깊은 명상으로 들어갈 수 있으며, 아주 멋진 경험을 할 수 있다. 이 명상은 마음만 먹으면 언제든지 할 수 있다.

자녀가 우울증을 앓고 있다면 뫼비우스의 띠 한가운데에 자녀의 이미지를 놓는다. 자녀가 실제로 정신 질환을 앓고 있다면 잘 알겠지만, 영혼이 사라진 육체는 고통을 받게 된다. 이 명상법으로 정화하면 영혼이 원래의 육체로 돌아가므로 고통이 바로 사라지고 편안한 상태가 된다. 자식이나 가까운 사람이 정신 질환을 앓고 있다면 이 명상을 반드시 해 보기 바란다.

고혈압 치료에도 효과가 있다

잠재의식의 기억은 현실 세계에 투영되어 정신 질환을 비롯한 여러 가지 질환을 만들어 낸다. 그러므로 병의 원인이 되는 기억을 제거하면 완치될 수 있다.

키키파 크레차 박사 팀의 연구에 따르면, 고혈압 치료에 호오포노포노가 실제로 효과가 있다고 한다. 키키파 크레차 박사 팀은 2007년 9월에 발행된 『민족성과 질병Ethnicity & Disease』 제17권 4호에 「고혈압 증상 관리를 위한 보조적인 치료, 셀프 아이덴티티 호오포노포노Self Identity Through Ho'oponopono as Adjunctive Therapy for Hapertension Management」라는 제목의 논문을 발표했다. 이 연구 팀은 고혈압을 앓고 있는 아시아인, 하와이인, 태평양의 섬 민족 등 23명에게 통상적인 고혈압 치료를 하면서 반나절 동안 셀프 아이덴티티 스루 호오포노포노를 강의하는 실험을 진행했다.

연구 대상자들은 시민 모임과 인터넷, 전단지 배포 등을 통해 모집했다. 참가자 전원이 서른 살 이상이었으며 그중에서 쉰 살 이상이 83퍼센트를 차지했다. 스물세 명 중 여덟 명이 고혈압 이외에 당뇨병을 앓고 있었으며 두 명은 천식을 앓은 적이 있었다.

반나절 동안 진행하는 호오포노포노 학습 코스는 토론과 대화를 통한 문제 해결 과정과 방법을 알려 주고, 질의응답을 하는 순서로 진행되었다. 여기에는 호흡법, 기도, 명상 등을 배우는 과정도 포함돼 있었다. 참가자들은 네 시간에 걸쳐 호오포노포노를 배웠다. 하지만 일상생활에서 호오포노포노를 활용할 것인지 여부는 수강자의 판단에 달려 있었다.

호오포노포노를 배운 지 두 달 후, 참가자들의 최고 혈압은 평균 11.86mmHg, 최저 혈압은 평균 5.44mmHg으로 떨어졌다. 참고로 이 연구는 하와이 대학의 치험 심사 위원회의 승인을 받은 것이다.

키키파 크레차 박사 팀은 논문 첫머리에서 이렇게 밝혔다.

"셀프 아이덴티티 호오포노포노는 일상생활에서 간단히 활용할 수 있으며 비용이 적게 들고 이해하기 쉬운 내용으로, 육체적으로나 사회적으로 리스크가 없는 치유법이다. 또한 고혈압뿐만 아니라 다른 질병을 치료하는 데도 유익할 것으로 사료된다."

이 연구로 우리가 하고 있는 일의 효과가 증명되었다. 다른 질병에 대해서는 이제부터 연구를 해야겠지만, 이번 연구 결과는 호오포노포노의 효과를 수치화했다는 점에서 큰 의미가 있다.

실제 임상에서 나타난 성과

실제 임상에서 호오포노포노의 효과를 실감한 의사도 있다. 클래스에 참가한 이후 정화를 계속한 덕분에 환자가 회복되는 경험을 했다는 이시가와 씨의 체험기를 소개한다.

나의 호오포노포노 체험기
치료하기 가장 어려운 환자가 회복되다

　스물여섯 살에 내과 의사가 되었으니 의사 생활을 한 지도 올해로 벌써 20년째다. 의과대학을 졸업한 이래 나는 그저 임상의로서의 길을 묵묵히 걸어왔다. 그간 '환자들이 회복하는 데 조금이나마 도움이 될 수 있으면 좋겠다'는 마음으로 인생을 살아왔다.

　5년차 의사일 때는 암을 불치병이라고 생각했다. 하지만 서른이 넘어 호스피스 의사로 일하면서 식사 요법 중 하나인 '코우다식 식양법'으로 유방암을 고친 환자를 보고 나서 암도 고칠 수 있다는 사실을 알았다.

　그 직후 '배치 플라워 요법Bach Flower Remedies(꽃으로 마음을 치유하는 자연요법)'이라는 치료법을 알게 되어 암에 대해 더욱 깊이 연구하게 되었다. 마흔 살이 지나고 나서는 에도 시대의 운명학자, 미즈노 남보쿠의 '상법극의수신록相法極意修身錄(음식과 운명의 관계에 대한 책)'과 소아과 의사인 마유미 사다오 씨를 통해 식양생食養生을 배웠다. 또 마흔한 살부터 5년 간은 루돌프 슈타이너Rudolf Steiner가 제창한 '인지학적 의학'을 배웠고, 마흔두 살에는 말기 암 환자들의 모임인 이즈미회에 참가하면서 암을 포함한 거의 모든 후천성 신체 질환이 치유될 수 있다는 사실을 알았다.

이후 인간이 겪는 고통의 정점에 있다고 할 수 있는 인격 해리, 조현병, 자해 등으로 심한 고통을 겪고 있는 환자들을 회복시킬 수 있는 방법을 찾기 위해 노력했다. 그러나 결국 아무것도 찾지 못한 채 2007년에 마흔다섯 살을 맞이했다.

그때 희망이 조금씩 보이기 시작했다. 그 희망은 바로 호오포노포노였다. 신체 질환의 원인을 파악하고 대응하는 방법을 어느 정도 배운 2004년 이후, 나는 '스피리추얼^{spritual} 척도 연구회'라는 학제 연구회에 가입했다. 거기서 부회장을 맡고 있는 사람에게 호오포노포노에 대한 얘기를 들었다. 그리고 호오포노포노의 신뢰성을 확인하기 위해 인터넷을 뒤지다가 마침내 조 비테일의 저서 『호오포노포노의 비밀$^{Zero\ Limits}$』을 발견했다. 당시에는 영어판 밖에 없어 아마존에서 바로 책을 주문했다.

그 이후 나는 휴렌 박사를 만나서 가르침을 받고 싶어졌다. 그런 내 바람의 배경에는 정신과 환자들이 있었다. 병원을 3, 4년 넘게 다녔지만 회복될 기미가 좀처럼 보이지 않는 환자들이었다. 그래도 환자들은 치료에 희망과 기대를 걸고 병원에 찾아오고 있었다.

나는 가능하면 양약을 사용하지 않고 다른 방법으로 그들을 치료하고 싶었다. 나는 그들의 회복을 위해 최선을 다했다. 그래서 조 비테일의 글을 읽을 때 휴렌 박사가 한 일이 진짜라고 믿고 이해할 수 있었다.

그리고 치유 받아야 할 사람은 나 자신이라는 것도 알게 되었다. 2007년

11월 24일에 열린 휴렌 박사의 클래스에 참가한 후 더욱 확신이 생겼다. 2008년에는 그간 거의 포기하고 있었던 내 안의 문제를 치료해, 그 문제에 관한 기억의 재생을 막고 제로 상태가 될 수 있었다. 그러자 이유는 알 수 없지만 내 환자들 중에서 가장 치료하기 어려웠던 환자가 회복되기 시작했다. 그 환자는 완치되었다. 보통 의사라면 기적이라고 했을 것이다.

나는 나 자신을 치료하는 길이 최선이라고 확신한다. '치료'라기보다 그저 '깨끗이 한다', '정화한다'고 표현하는 편이 더 맞을지도 모르겠다. 참 간단한 방법이다. 이 길을 가려면 수련을 해야 한다. 나는 불교의 본질과도 이어지는 정화에 정진해, 기억이 재생되는 것을 막고 우리들의 원천인 제로이자 공의 상태로 매일 돌아가고 있다.

— 이시가와 마키오(의료법인 세이코우카이 신즈시 클리닉)

앞으로 여러 사람이 호오포노포노를 의료에 응용해 그 성과를 발표할 것이다. 그리고 지금까지 하와이 사람들이 체험하지 못했던 분야에서 호오포노포노의 효력이 과학적으로 증명될 것이다.

3장
실천

잠재의식을 정화해
본연의 삶을
사는 방법

중요한 것은 그 기억을 어떻게 제거하느냐다.

중요한 것은 제로가 되는 일

나는 잠재의식을 제로로 만들어 사람들을 본연의 삶으로 되돌리고 있다는 사명감을 가지고 활동하고 있다. 호오포노포노에 많은 사람들이 관심을 가져 줘서 정말 기쁘지만, 사실 다들 어떻게 해야 돈을 많이 벌까, 어떻게 해야 잘 먹고 잘 살까 하는 것에만 집중하는 바람에 정작 가장 중요한 일에는 신경을 쓰지 않고 있다. 즉 인간에게 가장 중요한 질문인 '나는 누구인가?'에 대해서는 아무도 궁금해 하지 않는 것이다.

동양인이라면 불교에 대해 잘 알고 있을 것이다. 그런데 불교에도 핵심이 되는 가르침이 있고 그다지 중요하지 않은 부분이 있다. 불교에서 가장 핵심이 되는 가르침은 '어떻게 하면 자유를 얻을 수 있느냐'다. 즉 무(無)가 되는 것이다. 다른 부분은 곁다리에 불과하다.

제로가 되는 일에는 국적이나 인종이 영향을 미치지 않는다. 아시아계든 하와이계든 백인이든 간에 원래는 제로 상태였기 때문에 모두 하나다. 다시 말해 우리는 연결되어 있다. 왜 그런지는 아무래도 상관없다. 어떻게 해야 제로가 되어 자유로워지는지, 그것이 문제다.

그다음으로 중요한 것은 문제가 어디에서 왔느냐는 것이다. 아직도 많은 사람이 잠재의식의 기억이 재생되어 문제가 일어나고 있다는 사실을 알아차리지 못하고 있다.

마지막으로 중요한 것은 그 기억을 어떻게 제거하느냐다. 가령 심장에 문제가 있다고 하자. 이때는 심장에 문제를 일으키고 있는 잠재의식의 기억에 대해 "보여 줘서 고마워."하고 감사의 마음을 먼저 전해야 한다. 심장병을 일으킨 기억이므로 그것에 대해 저항하거나 혐오하기 쉽지만 그렇게 되면 문제가 더욱 커질 뿐이다. 따라서 "병으로 보여 줘서 고마워.", "지금 나타나 줘서 고마워."라고 말해야 한다. 그러면 심장에 문제를 일으켰던 기억이 제거된다.

잠재의식을 정화하는 호오포노포노의 방법

호오포노포노에서는 다음 네 마디 말을 아주 소중하게 여긴다.

사랑합니다(I love you)
미안합니다(I'm sorry)
고맙습니다(Thank you)
용서하세요(Please forgive me)

이 네 마디 말로 자신의 잠재의식 속에 있는 기억에 고마워하고 내면의 아이를 사랑해 줄 수 있다. 어렵게 생각할 필요는 없다. 이 네 마디 말을 다 하지 않아도 된다. '고마워', '사랑해' 이 두 마디만으로도, 더 간단하게는 '사랑해'라는 말만으로도 충분하다.

사랑한다는 말에는 고마움, 미안함, 용서라는 감정이 모두 들어 있다. 사랑한다고 말하면 신성한 존재가 그것을 받아들여 마나를 내려보내 기억을 제거하고, 그후에 영감이 내려온다. 그러니 어렵게 생각하지 말고 단지 사랑한다는 말만으로도 충분하다는 것을 기억하라. 그것이 무엇을 의미하는지는 몰라도 상관없다. 잠재의식, 즉 내면의 아이에게 사랑한다고 말을 거는 것만으로 잠재의식의 기억이 변환된다.

만약 사랑한다고 말하기 어렵다면 고맙다고 말해도 괜찮다. 사랑한다는 말을 좀처럼 하지 못하는 사람이라면 고맙다고 말해 보라. 사랑한다는 말 대신 소중하다고 해도 좋다.

이것이 2장에서 소개한 두 번째 과정에 해당된다. 정화가 진행되면 초의식을 거쳐 신성한 존재에 기억 정화를 요청하는 마음이 전달된다. 그다음에 신성한 존재, 초의식, 표면의식, 잠재의식을 거쳐 마나가 내려와 잠재의식의 기억을 제로로 만들어 준다.

그러나 기억은 바로 되살아난다. 그래서 기억을 정화하는 과정이 반복되어야 한다.

네 마디 말이 선사한 놀라운 체험

음악가인 세토 류스케 씨는 호오포노포노의 네 마디 말로 놀라운 체험을 하고 나서 이 말들로 '호오포노포노 송'을 작곡했다. 류스케 씨의 체험담을 들어 보자.

나의 호오포노포노 체험기
불가사의한 일만 일어난다

 호오포노포노를 알게 된 것은 친구 모리타 켄의 메일 덕분이었다. 친구는 휴렌 박사와 관련된 하와이 병원에서 일어난 사건에 대해 이야기를 해주었다. 2007년 초순의 일이다.

 메일을 읽고 놀란 나는 하루빨리 휴렌 박사를 만나고 싶어졌다. 그즈음 운 좋게 로스앤젤레스에서 휴렌 박사의 강연회가 열린다는 소식을 들었다. 모리타와 함께 재빨리 가려고 했지만 그날은 딸아이의 콘서트가 있는 날이었다. 그래서 모리타가 나 대신 강연회에 다녀왔다. 모리타가 돌아오자마자 나는 바로 그를 찾아가 이야기를 들었다. 바로 그때 나는 그토록 찾아 헤매던 것을 드디어 만났다는 느낌이 들었다. 딱 꼬집어 얘기할 수는 없지만 마음속 깊은 곳에서 기쁨과 감동이 솟아나는 것을 느낄 수 있었다.

 "사랑해. 미안해. 고마워. 용서해."

 나 자신에게 이 네 마디 말을 해 봤다. 이걸로 충분하다는, 어떤 불가사의한 감각이 차올랐다. 내 영혼이 안심하고 따뜻해 한다는 느낌이 들었다. 들은 그대로 믿지 않아도 좋으니까 한번 해 보라는 휴렌 박사의 말을 모리타에게 전해 듣고 나는 일단 시도해 보기로 마음먹었다.

그후 오모테산도에 갈 일이 있었다. 잠시 쉬기 위해 커피숍에 들어가 앉아 있는데 갑자기 한 남자가 커피숍으로 뛰어 들어왔다. 그리고 그는 의자에 앉자마자 담배를 피우기 시작했다. 나도 모르는 사이에 흡연자를 끌어당긴 것이다. 불가사의한 일이 하나 있는데, 레스토랑이나 커피숍에서 누가 담배를 피우면 연기가 꼭 내 쪽으로 온다. 내가 연기까지 끌어당기고 있는 셈이다.

'앗, 그래! 호오포노포노를 해 보자!'라고 생각한 나는 2~3분간 눈을 감고 나 자신에게 "사랑해, 미안해, 고마워, 용서해줘."라고 말했다. 눈을 가늘게 뜨고 공기 냄새를 맡아 본 나는 담배 연기가 옅어졌음을 알아차렸다. 그리고 담배 피우고 있는 사람을 쳐다봤다. 그 순간 '뭐야, 의외로 좋은 녀석이잖아.'하는 생각이 들었다. 나 자신 안에 일어난 변화를 느끼고 깜짝 놀랐다. 불과 몇 분 전까지 만해도 '저 녀석은 담배를 피우는 녀석이다. 싫다'며 얼굴을 찌푸렸는데 같은 사람을 의외로 좋은 녀석이라고 생각하고 있었던 것이다! 도대체 무슨 일이 일어난 것일까?

한번은 이런 일도 있었다. 일본 아키다에서 강연회가 열렸을 때였다. 나는 나 자신의 고차원적인 자아 Higher self 와 호오포노포노에 대해 정신없이 이야기했다. 강연 후 한 여성이 내게 찾아와서 "안타깝게도 내일은 못 오지만 오늘 강연은 정말 좋았어요."라고 얘기하고 돌아갔다.

그런데 다음 날 강연 회장에 가 보니 어제 그 여성이 울면서 나를 기다리고 있었다. 나는 달려가서 무슨 일이냐고 물었다. 그러자 그녀는 깜짝 놀랄 만한 이야기를 들려주었다. 프랑스의 루르드(프랑스 남서부에 있는 가톨릭교의 성지)에서 기념품으로 사온 펜던트를 잃어버려서 4년 동안 찾고 있었는데 어제 집에 돌아갔더니 방 한가운데에 그 펜던트가 떨어져 있었다는 것이다!

이런 일이 정말 일어날 수 있는가? 나는 소름이 돋았다. 호오포노포노를 통해 자기 자신과 대화하게 된 이후 여러모로 불가사의한 일들이 일어나고 있다. 지금 전국에서 많은 사람들이 호오포노포노를 통해 기적을 체험하고 있다는 사실을 알고 있다. 이것은 해 보는 사람만이 안다!

2007년 9월 18일에 나는 후지고코 도로를 타고 고탄바로 가고 있었다. 오른쪽 창문으로 웅대하고 장엄한 후지산이 보이자 나도 모르게 마음속으로 두 손을 모았다. 이와 동시에 노래를 부르기 시작했다.

"I love you! I am sorry! thank you! Please forgive me!"

멋진 멜로디였다. 호오포노포노 송이 탄생하는 순간이었다.

집에 돌아가서 얼른 악보를 옮겨 적었다. 이 곡은 지상에서는 내가 작곡한 것으로 되어 있지만 실제로는 후지산의 신이 지구에 사는 우리 인간에게 선물로 준 것이다.

2007년 11월로 휴렌 박사의 방일 강연이 결정되자, 박사에게 이 노래를 가장 먼저 들려 주고 싶은 마음에 녹음을 서둘렀다. 가이아 심포니의「천의 바람이 불어서」를 영어로 불러 유명해진 미국의 수잔 오즈본 씨가 마침 콘서트 때문에 일본에 와 있어서 녹음을 부탁했다.

딸과 수잔, 그리고 나는 각각 다른 날에 녹음을 했다. 하지만 완성된 곡을 들어 보니 이보다 완성도가 높을 수는 없겠다 싶을 정도로 결과가 매우 만족스러웠다. 내가 이렇게 말하는 것도 이상하지만 그것은 그야말로 신의 솜씨였다. 하느님! 감사합니다!

지금 인류에게 가장 필요한 것은 바로 호오포노포노다. 한 사람이라도 더 많은 사람들이 매일 호오포노포노를 실천한다면 전쟁과 기아, 인종차별과 지구온난화도 사라지고 멋진 지구로 변하리라고 믿는다.

하느님, 감사합니다! 휴렌 박사님, 감사합니다!

호오포노포노에게도 사랑과 감사를 보낸다.

― 세토 류스케(음악가)

내면의 아이를 돌보고 사랑하자

호오포노포노에서 가장 중요한 것은 잠재의식, 다시 말해 내면의 아이인 우니히피리를 돌보는 일이다. 호오포노포노에서 말하는 내면의 아이란 자신이 아이였을 때의 기억을 의미하는 것이 아니다. 잠재의식이란 이 세상이 만들어지고 나서 오늘에 이르기까지 육·해·공의 모든 동식물이 경험한 기억 그 자체다. 아이와 같은 행동을 하므로 아이, 인간의 내면에 있으므로 합쳐서 내면의 아이라고 부른다.

내면의 아이는 원래 천사 같은 존재지만 정화를 하지 않고 그냥 놔두면 기억을 투영해 버린다. 내면의 아이는 특히, 인간관계에서 받은 고뇌와 상처, 아픔 등 어두운 기억을 증폭시켜 마이너스 측면을 투영한다. 내면의 아이를 사랑스런 아이, 자신의 여동생, 남동생, 아들, 딸이라고 생각해도 좋다. 내면의 아이는 더욱 더 사랑을 쏟아야 하는 존재로, 표면의식에 매우 민감하게 반응하고 응답한다. 원래 그것은 사랑받기 위해서 이 세상에 나타난 존재다.

우리가 인식하고 있는 표면의식은 내면의 아이의 어머니다. 어머니는 자신의 잠재의식인 내면의 아이의 방향으로만 움직인다. 직접 초의식과 신성한 존재에는 접속할 수 없다. 어머니가 자신의 아이에 대해 사랑한다고 말하면 아이의 아픔은 정화된다. 이때 비로소 어머니는 아이와 함께 아버지, 다시 말해 초의식이 있는 곳으로 갈 수 있다.

표면의식, 잠재의식, 초의식이 하나가 되어야만 비로소 신성한 존재와 이어질 수 있다. 이 조건이 제대로 갖춰지지 않으면 영감은 내려오지 않는다.

거의 모든 사람이 이러한 관계를 모른 채 신성한 존재와 직접 이어지려고 한다. 하지만 아무리 기도해도 사람은 신성한 존재에게 직접 말을 걸 수가 없다. 잠재의식을 경유하지 않으면, 즉 어머니가 제대로 아이를 키우지 않으면 신성한 존재나 초의식에 연결될 수 없는 것이다. 이 관계를 빨리 깨닫고 내면의 아이를 정화해야 한다. 그렇지 않으면 아이는 엄마가 사랑하고 있다는 사실을 알아차리지 못한다.

내면의 아이를 돌보는 방법

내면의 아이는 '사랑받지 못한다', '필요 없는 존재다', '그저 조종 당하고 있다'는 생각이 들면 마음의 문을 닫아 버린다. 표면의식에서 이런 건 싫다든지 불행하다든지 어두운 생각만 하고 자신을 사랑하지 않으면, 내면의 아이가 표면의식에 정보를 보내지 않아 점점 문제가 심각해진다. 내면의 아이가 어차피 정보를 보내도 미움을 받을 뿐이라고 실망하고 은둔해 버리기 때문이다. 그야말로 어머니의 애정을 믿을 수 없어 마음의 문을 닫은 아이와 같다.

해마다 수많은 사람들이 자살을 하고 있다. 원인은 내면의 아이를 사랑해 주지 않은 데 있다. 이렇게 되면 내면의 아이는 기억 속으로 은둔해 버려 죽음을 선택할 수밖에 없는 상황에 처하게 된다.

내면의 아이는 애정으로 감싸 안아 주어야 한다. 무엇인가 아주 큰일이 일어나도 왜 내게만 이런 일이 일어나느냐고 생각할 게 아니라 그런 일이 일어난 것을 감사히 여겨야 한다. 그저 불행을 받아들이기만 하면 내면의 아이는 자신을 인정하지 않는다고 생각하고 스스로 고립돼 버린다. 이를 피하려면 내면의 아이에게 고마워하는 마음을 적극적으로 전해야 한다. 내면의 아이를 돌보는 방법은 다음과 같다.

1. 내면의 아이의 머리를 다정하게 쓰다듬는다. 항상 신경쓰면서 소중하고 사랑스럽게 대한다.
2. 다정하게 포옹해 준다. 세게 안으면 무서워한다.

> 3. 손을 살그머니 잡고 부드럽게 쓰다듬는다.
> 4. 양어깨를 감싸고 사랑하는 마음을 가득 담아서 부족함 없이 꽉 차는 기분으로 끌어안아 준다. 부모가 아이의 손을 먼저 놓거나 떨쳐내면 아이는 민감하게 반응한다. 내면의 아이도 마찬가지로 어머니인 표면의식의 애정에 민감하게 반응한다.

진심 어린 애정으로 대하지 않으면 내면의 아이의 협력을 얻을 수 없다. 내면의 아이가 계속 협력해 주면 잠재의식은 표면의식의 청원을 무조건 들어 준다. 단 내면의 아이는 항상 자신의 행동과 태도를 보고 있기 때문에 긴장을 풀고 돌봐야 한다. 정말로 엄마가 어린아이를 돌보는 것처럼 해야 한다. 머리에서 발끝까지 옷을 입혀 아이를 보호하고, 아이가 갈아입을 옷이나 먹을거리를 가방에 챙겨 다닌다는 마음으로 내면의 아이를 대해야 한다. 아주 세세한 부분까지 이미지화해서 내면의 아이를 돌보는 것이 좋다.

유년 시절에 내면의 아이의 존재를 깨닫다

작가 요시모토 바나나는 유년 시절에 내면의 아이의 존재를 알아차렸다고 한다. 호오포노포노 기본1 클래스에서는 내면의 아이와 소통하기 위해 함께 목욕하는 이미지를 떠올리는 훈련을 하기도 한다. 요시모토 씨는 세 살 경부터 자신의 내면의 아이와 소꿉놀이를 했다고 한다. 요시모토 바나나 씨에게 체험기를 부탁했다.

나의 호오포노포노 체험기
양보할 수 없는 것

내가 순수했다고 자랑할 생각은 전혀 없다. 그러나 실제로 나는 어릴 때 물건이나 식물과 이야기를 나누었다. 꽃병이 깨지면 불쌍하다고 울고 동물이 죽기라도 하면 기도를 하거나 통곡을 하는 등 아주 대단했다. 짜증 내는 사람이 있는 방에 들어가면 두통이 생기고, 병원에 가면 온갖 느낌과 감정에 시달려서 집에 돌아오면 하루 종일 잠을 자야만 했다. 악의에도 민감해서 움찔거리기도 잘 했고 여행을 갔다가 집에 돌아올 때면 "고마워, 방."이라고 말한 뒤에 들어오고는 했다.

그리고 내 안에는 작은 친구가 있어서 그 친구가 기뻐할 만한 것을 봉투에 넣어서 항상 가지고 다녔다. 실은 지금도 내면은 거의 변하지 않았지만 어렸을 때는 겉으로 한층 더 확실하게 드러났다.

그런 내가 어떤 경험을 하고 살아왔는지 상상이 되는가? 사람들은 나를 보고 "미쳤다", "신경질적이다", "정신 똑바로 차려라", "튼튼해져라", "답답하다", "귀찮다", "너무 섬세하다"고 말했다. 나는 그 말들을 진심으로 진지하게 받아들였다. 그리고 현실 사회의 일원으로서 아주 현실적인 사람이 되려고 노력했다.

그러자 좋은 일이 많이 일어났다. 가령 사랑하는 동물이 죽어 갈 때 두 발로 침착하게 서서 냉정하게 판단을 내리고 동물을 간병할 수 있게 되었다. 다양한 사람을 만나거나 낯선 곳에 가는 것이 무섭지 않게 되었다. 다양한 사람들의 의견을 이해하고 맞출 수도 있게 되었다.

그 단계에서 나는 내 안의 작은 사람의 외침으로부터 조금씩 뒷걸음질 쳤다. 그 눈동자는 너무 투명해서 살아가는 데 필요 없다, 어찌 됐든 그 부분을 중요하게 여기면 사는 게 괴로워진다며 스스로를 설득했다. 배짱 좋은 편이 살기 쉬우니 작은 사람을 안 쪽에 숨겨 두자, 내가 알고 있으니 괜찮을 거라며 그렇게 넘어갔다.

하지만 그 작은 사람은 계속해서 내게 소리쳤다. 작은 소리였지만 절대로 사라지지 않는, 아주 확실한 목소리로 외치고 있었다. 그 사람은 아직도 식물이나 동물과 이야기를 할 수 있으며 방과 돌의 목소리도 들을 수 있다. 답답한 공간과 그렇지 않은 공간의 차이를 청소 유무에 상관없이 알 수 있다. 작은 사람은 그저 인간만이 무섭다고 말했다.

나는 '인간을 무서워하면 끝이 없어, 이제 괜찮아.'라고 다독이며 남의 일 같은 건 아무래도 좋다는 식으로 작은 사람의 의견을 무시하려고 했다. 하지만 작은 사람은 수긍하지 않았다. 나는 고통스러운 일도 그냥 해나가는 편이 좋다는 식으로 대응했다. 어느 날 그 작은 사람이 아름다운 반격을 갑자기 시도했다. 내가 편해지려고, 남에게 잘 보이려고 했던 작은 거짓들이 밝은 세상에 나와 무서운 기세로 정화되기 시작했다. 이제 작은 사람의 목소리와 함께 살 수밖에 없다고 생각했지만 나는 여전히 자신이 없었다.

나는 언제부터인가 남에게 맞추는 것이 불가능해졌다. 여태까지는 "알아, 알아, 그 생각도 일리가 있는 것 같아."라고 말할 수 있었는데 이제는 "나는 당신이 너무 좋아. 하지만 여기가 달라. 나는 이렇게 느껴."라는 말밖에 하지 못하게 되었다. 그러자 놀랄 정도로 많은 사람들이 나에게서 멀어져 갔고 서로 상처를 입었다. 나는 '이래서는 작은 사람과 함께 하는 것이 아무런 의미가 없다'고 생각하기에 이르렀다. 그럼에도 불구하고 나는 작은 사람의 목소리를 지우지 않았다. 그러자 이번에는 나를 정말 알아주는 사람이 한 명 또 한 명 다가와 주었다.

하지만 두려운 아픔을 있는 그대로 다 드러내서 나는 약해질 대로 약해져 있었다. 욕을 너무 많이 들어서 몸이 아플 정도였다. 나는 자신감을 조금씩 잃어가고 있었다. 그리고 결국 나는 자신감을 완전히 잃어버리고 말았다.

그것을 극복하는 과정에서 호오포노포노를 만났다.

어느 날 이하레아카라 휴렌 박사의 인터뷰를 읽었다. 진실을 추구하고 사랑하는 데서 나오는 신랄함을 알아챈 나는 호오포노포노를 바로 이해할 수 있었다. 휴렌 박사에 대해 조사한 뒤 호오포노포노 수업에 참가했다. 그곳에서는 내가 부끄럽게 생각하고 있던 것, 살면서 너무 약하다고 생각했던 것, 작은 사람을 소중하게 여기는 것, 그 모든 것을 빛으로 감싸 주었다.

내가 소설을 쓰고 책을 만들면서 하려고 했던 일은 모두 옳았다, 거기에는 확실히 같은 사상이 있다는 그런 느낌이 들었다. 지금까지는 누구에게 말해도 "너무 과장한다.", "공상이다.", "그래서는 이 세상을 살아갈 수 없다."는 대답이 돌아왔지만 그곳에서는 내 생각을 모두 긍정해 주었다.

내 안의 작은 사람을 키우는 방법도 구체적으로 확실히 배웠다. 그 뒤로 나는 아주 많이 변했다. 내 곁에 있는 몇 명의 친구들이 나를 얼마나 깊이 생각해 주고 내게 얼마나 큰 용기를 주었는지 처음으로 알게 되었다. 그러자 자신감이 돌아왔다.

땅에 다리를 붙이고 있던, 현실적인 사람이 되어 보려고 노력하느라 고통스러웠던 그 시기에 경험한 것들도 내 것으로 만들 수 있었다. 그리고 내게서 자신을 빼앗은 것은 남이 아닌 바로 나 자신이라는 사실을 새삼 깨달았다. 스스로에 대한 무거운 책임감이 느껴졌다. 나는 무서운 타인을 상상해 자신을 정당화하던 것도 그만두었다.

오늘도 내일도 나는 조용히 정화를 계속해 나갈 것이다. 나는 깨닫기 시작했다. 실은 내가 홀로 정화를 계속해 왔다는 사실을. 지금까지는 이런 노력들을 영원히 계속해야 하는, 고독하고 쓸데없는 짓이라고 생각해 왔지만, 휴렌 박사의 모습을 본 후로 그 길은 빛의 길, 자신감으로 충만한 길이라는 확신이 들었다. 그 검고 빛나는 눈동자에서 나 자신과 휴렌 박사, 그리고 모든 사람이 속한, 진정으로 아름다운 '무한'을 봤기 때문이다.

지금까지 쓴 것은 나만의 특별한 경험이므로 다른 사람에게 참고가 될는지 모르겠지만, 남을 지나치게 의식해 자신감에서 나오는 빛을 스스로 지우는 사람들에게 호오포노포노는 아주 효과적일 거라고 생각한다.

수업에서 좋은 느낌을 가진 여성이 이런 질문을 했다.

"나는 마음도 약하고 정화를 계속하는 것이 무서워서 제대로 못할 것 같습니다. 너무 멀게 느껴지고 힘들어요."

> 휴렌 박사는 이렇게 답했다.
>
> "지금 시작하지 않으면 내일 하게 될 것입니다. 내일도 안 하면 모레 하게 될 것입니다. 그렇게 미루다 보면 결국 내세에 하게 됩니다. 그보다는 지금 바로 시작하는 편이 좋지 않을까요? 그렇게 생각하지 않으세요?"
>
> 지당한 말이다. 도망가기보다는 내면의 아이를 키우는 편이 훨씬 간단하다. 그 사실을 모두가 깨달았으면 한다.
>
> ─ 요시모토 바나나

드물기는 하지만 요시모토 씨처럼 자신의 내면의 아이의 존재를 알아차린 사람이 가끔 있다. 내면의 아이의 소중함을 알고 있는 사람과 만나서 나는 희망을 가질 수 있었다. 이 체험에서도 알 수 있듯 내면의 아이와 맺는 관계는 매우 중요하다. 표면의식과 잠재의식, 자신의 인식과 내면의 아이의 관계가 제대로 형성되어 있으면 모든 것이 잘 풀린다.

나는 내면의 아이가 허락하지 않으면 아무것도 하지 않는다. 내면의 아이와 항상 좋은 관계를 유지하는 것만으로 잠재의식 속 기억은 제로에 가까워질 수 있다. 다시 말해 어머니가 아이를 제대로 보살피면 호오포노포노를 굳이 떠올릴 필요도 없다. 내면의 아이에게 목욕을 시키거나 밥을 먹인다든지, 말을 건다든지 하면서 돌봐 주면 신성한 존재는 알아서 따라오게 되어 있다.

네 마디 말 대신 정화를 지속해 주는 것

앞서 말한 네 마디 말 외에도 잠재의식을 변환해서 정화를 하는 여러 가지 방법이 있다. 만드는 방법은 나중에 설명하겠지만, 파란색 병에 넣어서 만든 물 '블루 솔라 워터Blue Solar Water'를 마시면 사랑한다고 말하는 것과 동일한 효과가 있다. 또 "아이스 블루Ice Blue"라고 말하며 식물을 만지면 아픔이 정화된다.

은행나무는 간장에 축적된 독소와 관련이 있다. 은행나무 잎을 눌러서 말린 다음 지갑이나 수첩 등에 넣어 다니면 간장의 해독 기능이 개선된다.

심장과 호흡기 계통에 문제가 있는 사람은 단풍나무 잎을 가지고 다니는 것만으로 치유가 된다. 단풍나무 잎은 빙하의 순수한 공기를 운반해 준다. 내 첫아이는 호흡기 계통에 문제가 있어서 나는 단풍나무 잎을 손에 늘 쥐고 다녔다. 내 안에서 일어나는 무언가가 그렇게 만들고 있다고 생각하며 계속 정화했다.

나는 핑크색 백합과 흰색 카사블랑카 꽃을 보면 물을 마시는 이미지를 연상한다. 이 이미지는 죽음에 가까운 고통과 아픔, 두려움을 정화한다. 나는 비행기를 탈 때마다 핑크색 백합을 보고 물을 마시는 이미지를 떠올리곤 한다.

컴퓨터를 사용할 때는 반드시 유리 용기에 물을 4분의 3 정도 채우고 보라색 옥수수가루를 물위에 뿌린 다음 컴퓨터 옆에 놔둔다. 이것은 컴퓨터와 관련해서 일어나는 문제, 즉 이상한 메일이 와서 업무를 방해한다든지 하는 일을 모두 정화해 준다. 보라색 옥수수가루가 없으면 블루 솔라 워터를 컵에 담아서 놔둬도 좋다. 다시 한 번 강조해서 말하지만 블루 솔라 워터에는 모든 것을 제거하는 강력한 힘이 있다는 것을 기억하라.

바닐라 아이스크림은 사고를 할 때 정화해 준다. 사고를 할 때는 아무래도 지식, 다시 말해 기억이 나오므로 이것을 정화해야 한다. 나는 특히 이야기를 많이 할 때면 바닐라 아이스크림을 두세 번씩 먹는다. 집에 아이스크림 기계를 들여 놓았을 정도다. 참고로 마시멜로우에도 바닐라 아이스크림과 같은 효과가 있다.

내가 항상 모자를 쓰고 다니는 것을 보고 모자를 내 트레이드마크로 보는 사람도 있다. 사실 모자는 사람과 이야기를 나눌 때 내 안에 있는 무엇이 원인으로 작용해 이런 이야기를 듣게 되었나 하는 부분을 항상 정화해 주는 아이템이다.

정화 도구 사용법

앞에서 '고맙습니다. 사랑합니다. 용서하세요. 미안합니다.' 외에 블루 솔라 워터, 아이스 블루라는 말, 은행나무와 단풍나무 잎, 그리고 핑크색 백합과 카사블랑카 꽃을 통해 물 마시는 이미지 연상하기 등을 소개했다. 이것들은 모두 잠재의식을 정화해 주는 도구다. 이 외에 정화 도구를 몇 가지 더 소개하겠다.

HA 호흡법

하와이^{Hawaii}의 '하^{ha}'는 신성한 영감이라는 뜻이다. '와이^{wai}'는 물을, 마지막의 '이'는 신을 의미한다. 종합해 보면 하와이^{Hawaii}는 신의 숨결과 물이라는 의미로, 하와이라는 말 자체가 정화 과정을 나타내고 있다. 호흡법은 다음과 같다.

1. 의자에 등을 꼿꼿이 세우고 앉는다.
2. 무릎 위에 손을 올린다.
3. 양손의 엄지손가락과 집게손가락을 붙여 ∞모양을 만든다.
4. 마음속으로 천천히 7초를 세면서 숨을 들이마신다.

5. 7초 동안 숨을 참는다.

6. 7초 동안 숨을 내쉰다.

7. 7초 동안 숨을 참는다.

8. 4~7까지를 한 번의 과정으로 보고, 이 과정을 일곱 번 반복한다.

'하' 발음에는 생명 에너지를 활성화하는 효과가 있다. 활성화된 에너지는 잠재의식에 전달된다. 참고로 하와이에서 '안녕하세요', '고마워요', '안녕히 가세요'라는 의미로 쓰이는 '알로하Aloha'는 원래 '나는 신 앞에 있습니다'라는 의미다. 이 말에도 정화 효과가 있다.

마음속으로 HA 호흡을 한다

일상에서는 HA 호흡을 할 수 없는 경우가 많다. 그럴 때는 마음속으로 HA 호흡의 이미지를 떠올리는 것만으로 정화 효과를 볼 수 있다.

블루 솔라 워터

앞서 말했듯 하와이의 와이에는 물이라는 의미가 있다. 블루 솔라 워터는 생명의 물이라고 할 수 있다. 이 물을 만드는 방법은 다음과 같다.

> 1. 푸른색 유리병을 준비한다.
> 2. 병에 물을 가득 채운다. 수돗물이나 광천수를 사용해도 된다.
> 3. 병뚜껑을 닫는다. 금속제로 만들어진 뚜껑은 사용하지 않도록 한다. 뚜껑이 없다면 랩으로 병 입구를 막아 놓는다.
> 4. 병을 볕이 잘 드는 곳에 30분에서 한 시간 정도 놔둔다. 햇빛이 없는 경우에는 백열등 밑에 놔두어도 괜찮다. 단 형광등은 효과가 없다.

빛을 받아 완성된 블루 솔라 워터를 그대로 마신다. 가능하면 하루에 2리터 정도 마시도록 한다. 블루 솔라 워터를 다른 용기에 옮겨도 괜찮다. 이 외에도 요리를 만들 때 쓰거나 다른 재료를 첨가해 음료수를 만들어도 효과가 있다. 목욕물에 섞는다든지 화장수로 사용한다든지, 식물에 주거나 애완동물에게 먹여도 좋다. 세탁할 때 블루 솔라 워터를 이용하면 세탁기가 기뻐하며 그 날 있었던 나쁜 기억들을 전부 정화해 준다. 또 책상과 컴퓨터 앞에 앉아 일을 할 때도 블루 솔라 워터를 컵에 4분의 3 정도 넣어서 책상 구석에 놔두면 알아서 정화해 준다. 나는 푸른색 병을 항상 가지고 다닌다. 단 블루 솔라 워터는 가능한 한 빨리 사용하는 게 좋다. 생수라서 시간이 지나면 변질될 수 있다.

마음속으로 블루 솔라 워터를 마신다

푸른색 병이 없어서 블루 솔라 워터를 만들 수 없거나 당장 마실 수 없을 때는 마음속으로 블루 솔라 워터를 마시는 이미지를 떠올리는 것만으로 정화하는 효과가 있다.

'아이스 블루' 하고 말을 건다

앞서 식물에게 "아이스 블루"하고 말을 걸면 식물이 고통을 정화해 준다고 했다. 이 말은 영적, 정신적, 물리적, 경제적, 물질적인 아픔과 학대에 관한 고통스러운 기억을 정화해 준다. 아이스 블루는 빙하의 물 색깔을 말한다. 이 말을 듣고 자신만의 이미지를 떠올려도 괜찮다. 식물에게 말을 거는 것뿐만 아니라 자신이 안고 있는 문제에 대해 마음속으로 말을 걸어도 좋다.

집에 돌아가는 이미지를 떠올린다

여행을 할 때, 학교나 직장에 있을 때, 근처 슈퍼에서 물건을 사고 있을 때처럼 외출하고 있을 때는 마음속으로 집에 돌아가는 이미지를 그려 보라. 주차장과 집 현관에 도착해 안심하는 순간을 떠올리면 우울한 기분이 정화된다.

마음속에 X를 둔다

마음속에 'X'를 형상화한다. 무언가가 교차하는 다른 이미지도 상관없다. 문제가 일어나면 "원 엑스(1X)"라고 말한다. 엑스는 중독, 학대, 파괴에 관한 기억을 제거하고 이와 관련된 경험을 본래의 올바른 시간과 장소로 되돌린다. 이것으로 그 기억 때문에 생긴 마음의 부담에서 해방될 수 있다. 이 외에 엑스에는 마음을 안정시키고 정화를 촉진하며, 다른 정화 도구의 작용을 강화하는 효과가 있다.

마음의 문제를 정화하는 도구

블루 솔라 워터에 신선한 레몬즙을 한두 방울 떨어뜨린다. 이걸 마시면 히스테리를 가라앉히고 우울한 기억을 정화할 수 있다. 신선한 레몬즙을 떨어뜨린 블루 솔라 워터 역시 이미지를 떠올리는 것만으로도 정화에 효과가 있다.

돈 문제를 정화하는 도구

보틀팜^{bottle palm}(야자수의 일종)을 가까이에 둔다. 보틀팜의 신성한 존재는 영감을 저축해 준다. 이것은 은행의 ATM과 같은 것으로, 보틀팜 가까이에 있으면 신성한 존재가 모아둔 영감을 자유롭게 꺼내서 사용할 수 있다. 또한 경제적인 문제도 정화해 준다.

참는 게 힘들 때 필요한 정화 도구

딸기를 먹어라. 그러면 다이어트로 인한 고통을 포함해, 인내하면서 발생하는 고통과 우울함을 정화할 수 있다.

정화를 지속해 주는 시포트 상품의 효과

일을 하거나 이런저런 볼일을 보다 보면 의식적으로 정화를 계속하기가 참으로 어렵다. 그런 경우 시포트^{Ceeport} 상품을 사용하는 것도 한 가지 방법이다.

이 상품은 내가 받은 영감을 바탕으로 만든 것이다. 몇 년 전 어느 날 밤, 아름다운 가로수 길을 산책할 때였다. 마음속으로 아이스 블루라고 되뇌면서 나무를 어루만지자, 가로수가 그 보답으로 나를 치유해 주었다. 그때 이런 목소리가 들려왔다.

"집에 도착하면 호오포노포노 교재의 103쪽 2절을 읽으시오."

집에 도착하자마자 나는 바로 서재에 가서 목소리가 지시한 대로 호오포노포노 교재를 꺼냈다. 교재 103쪽 2절에는 다음과 같이 쓰여 있었다.

정화하시오(CLEAN)

지우고 또 지우고(ERASE, ERASE……)

당신 자신의 샹그릴라를 찾으시오(and find your own Shangri-La)

어디에?(Where?)

당신 안에(Within yourself)

    샹그릴라란 이상향, 즉 유토피아를 의미한다. 또 목소리가 다시 들려 왔다.

    "이 시의 첫 글자 시^{CEE}와 포트^{Port}를 합쳐서 시포트^{Ceeport}라는 말을 만드시오."

    '포트'란 항구를 말하므로 정화, 제거한다는 의미의 '시'를 합치면 정화를 통해 자신의 원래 항구로 돌아온다는 뜻이 된다.

    친구가 휴대전화를 사용할 때마다 두통이 심하다는 메일을 보내왔다. 그 메일을 읽고 나자 이런 말이 들려 왔다.

    "시포트라고 쓴 스티커를 휴대전화에 붙이라고 전하시오."

    그 말을 전한 지 며칠이 지나자, 친구는 두통이 깨끗이 사라져서 아주 편해졌다는 내용의 메일을 보내 왔다.

시포트 상품으로 고민이 해소되고 인생이 바뀌다

시포트는 기억을 제거해 의식을 제로 상태로 돌리는 정화 도구다. 성스러움이 깃든 의식의 모항(母港)으로 돌아가게 하며 불교의 깨달음을 실현하도록 도와준다. 일상생활에서, 특히 직장 일이나 집안일에 몰두할 때는 신성한 존재에서 영감이 내려와도 받을 수가 없다. 영감을 받기 위해서는 항상 공의 상태여야 하기 때문이다. 그러나 시포트 상품을 몸에 지니고 있으면 항상 정화하고 있는 것과 동일하므로 신성한 존재가 보내는 영감을 놓치지 않을 수 있다. 시포트 상품은 다음과 같다.

시포트 스티커

컴퓨터나 휴대전화 등의 전자기기, 집이나 사무실에서 풍수지리적으로 중요한 장소에 붙여 두면 항상 정화해 준다.

시포트 정화 카드

자신의 내면의 아이와 대화하기 위해 필요한 카드다. 트럼프 카드와 비슷하다. 매일 아침저녁으로 정화하고 싶은 내용을 생각하면서 카드를 잘 섞은 다음, 한 장을 선택한다. 이 카드에 적혀 있는 말이 이날 자신을 정화해 주고 깨달음을 전해줄 것이다. 그 말을 몇 번 반복해서 읽어라.

만약 정화하고 싶은 내용과 선택한 카드의 말이 잘 연결되지 않을 경우에는 카드를 다시 뽑아도 상관없다. 아침저녁뿐 아니라 정화가 필요하다고 느낄 때는 언제든 정화 카드를 사용하라. 그때 나오는 말이 그 순간의 문제를 정화하는 데 분명 도움이 될 것이다.

시포트 카드

신용카드와 똑같은 크기의 카드다. 책이나 공책, 서류 사이에 끼워두면 방대한 양의 활자 속에서 자신에게 필요한 정보만 눈에 들어오게 된다. 지갑에 끼워 두면, 여러 사람 손을 거친 덕분에 방대한 기억이 쌓인 돈을 정화해 준다. 그러면 기분 좋게 돈이 모이고 낭비가 줄어든다.

시포트 핀 배지 pin badge

옷에 다는 배지다. 어디에 가든 이것을 옷에 달고 있으면 정화된다.

시포트 상품에 대한 자세한 정보는 호오포노포노 공식 홈페이지에서 찾을 수 있다.(http://hooponopono-asia.org/kr)

이러한 정화 도구에는 사랑한다는 말을 계속하고 있는 것과 같은 효과가 있다. 이러한 물건을 몸에 지니고 정화를 하고 있으면 자신에게 어울리는 새로운 정화 도구가 나타나 영감을 불러일으킨다.

호오포노포노를 하고 있는 한 남자 변호사는 시포트 스티커, 시포트 카드, 시포트 카드, 핀 배지 등 모든 제품을 가지고 있었다. 그는 이 제품들을 몸에 늘 지니고 다니자 업무가 순조롭게 진행되었다고 클래스에서 보고했다.

시포트 상품을 독특하게 사용해서 효과를 봤다는 사람이 있어서 여기서 소개한다. 10대 자녀의 일로 고민하고 있던 한 어머니의 말이다.

"가족사진 뒤에 시포트 스티커를 붙였습니다. 그러자 예전에 이런 고민을 했나 싶을 정도로 지금은 딸아이와 친구처럼 잘 지내고 있습니다."

나도 시포트 핀 배지를 단다. 특히 여행이나 강연을 할 때는 반드시 달고 다닌다. 시포트 카드도 지갑에 항상 넣고 다닌다. 이 카드는 들어오는 돈, 나가는 돈, 신용카드를 포함해 금전과 관련된 모든 것을 정화해 준다. 책상에 꽂혀 있는 읽다만 책에도 시포트 카드를 꽂아 둔다. 그러면 책이 정화되어 꼭 필요한 정보만 내 눈에 들어오게 된다.

지금까지 소개했듯 다양한 정화 도구가 있다. 이러한 도구를 이용하거나 네 마디 말로 정화해서 제로에 가까운 상태가 되면, 자신에게 가장 어울리는 정화 도구에 대한 영감이 내려온다. 가능하면 남에게 의지하지 않고 스스로 정화를 계속해서, 자신에게 가장 잘 어울리는 정화 도구를 만나기 바란다.

4장
Q&A

세 사람의 대담

다카오카 _ 호오포노포노를 실천할 때 만나게 되는 가장 큰 벽은
　　　　　좀처럼 솔직하게 말이 나오지 않는다는 점입니다.

휴　　렌 _ 반드시 진심으로 말할 필요는 없습니다.
　　　　　컴퓨터에서 삭제 버튼을 누를 때 감정을 담아 누르는 사람은 없습니다.
　　　　　버튼을 누르듯 마음속에서 습관처럼 말을 되뇌기만 해도 충분합니다.

히토미 루미코 씨는 후나이 미디어에서 발행하는 매거진 《저스트》의 편집장이다. 다카오카 요시코 씨는 월간 《더 후나이》의 편집장을 맡고 있다. 히토미 씨와 다카오카 씨는 지금까지 휴렌 박사를 지면에 소개하고 이벤트를 주최하는 등 다양한 형태로 호오포노포노를 소개해 왔다. 과연 독자들의 반응은 어땠을까?

시든 식물이 되살아나다

히토미 《더 후나이》는 2008년 2월호에 휴렌 박사와 후나이 유키오 회장의 대담을 게재했습니다. 독자들이 "이런 사상이 있는지 몰랐다. 감동했다.", "아이에게 바로 호오포노포노를 해 봤다."

는 의견을 주는 등 큰 호응이 있었습니다.

독자들은 특히 블루 보틀에 관심이 많았습니다. 어떤 독자는 열 병, 스무 병씩 구입하기도 했습니다. 블루 보틀로 만든 블루 솔라 워터를 자신도 마시고 정원의 식물에도 줬다는 한 독자는 "시들었던 식물이 다시 살아나고 화초가 생기를 되찾았으며 꽃이 오래 피어 있더라."라고 말했습니다. 솔직히 매우 놀랐습니다.

휴렌 심장이 안 좋거나 당뇨병이 생기는 것은 과거의 기억이 재생되기 때문입니다. 블루 솔라 워터로 잠재의식의 불행한 기억을 제거하면 그 이후에는 같은 일이 일어나지 않습니다. 블루 솔라 워터는 잠재의식에 직접 작용해 과거에 일어났던 불행한 사건에 대한 기억을 모두 제거해 줍니다.

이는 식물에 대해서도 마찬가지입니다. 토양이 불행했다면 그 땅에 심어진 식물도 불행 속에서 성장합니다. 그러나 블루 솔라 워터에 씨나 묘목을 담그고 나서 심으면 토양의 불행한 기억이 차단됩니다. 또한 블루 솔라 워터에 담가 두었던 씨와 묘목은 건조한 상태에서도 잘 썩지 않습니다.

심장에 문제가 있거나 당뇨나 류머티즘 관절염을 앓고 있는 사람의 경우, 블루 솔라 워터를 마시면 세포 내에 있는 기억이 제거됩니다. 죽은 세포가 재생되어도 제거된 기억이 되살아나 병이 재발하는 일은 없습니다. 잠재의식은 세포 하나까지 조종합니다. 그래서 블루 솔라 워터에 담가 놨던 씨와 묘목 역시 썩거나 병에 걸리지 않는 것입니다.

호오포노포노를 믿지 않아도 효과가 있을까

다카오카 이 세상에서 일어나는 불행한 사건과 사고는 모두 잠재의식 속에 있는 기억이 재생되어 생겨나는 일로, 기억을 제거하면 병이 낫거나 나쁜 일이 일어나지 않는다는 말이군요. 그런데 어떤 행동이 효과가 있다고 해도 그것을 믿지 않는 사람이 직접 했을 경우, 효과가 없다는 결과가 나오기도 합니다. 호오포노포노는 어떤가요?

휴렌 가령 호오포노포노를 믿지 않는 사람이 "이런 게 효과가 있을 리가 없잖아."라고 말했다고 합시다. 그 말은 그 사람이 한 것이 아니라 당신의 기억이 그런 말을 하도록 시킨 것입니다. 그러므로 자신의 잠재의식 속에 있는 기억을 제거하면 그 말을 한 사람은 호오포노포노를 믿지 않아도 괜찮습니다.

다카오카 오늘 이 대담을 위해 휴렌 박사님은 정화를 하고 왔다는 말을 들었습니다. 구체적으로 어떻게 정화하셨나요?

휴렌 두 분만 정화한 것이 아니라 선조까지 정화했습니다. 선조가 태초에 바다 속을 떠다니는 생명체였을 때부터 척추가 생겨 어류가 되고 폐가 생겨 지상으로 나왔을 때, 그리고 현재에 이르기까지의 모든 선조를 정화했습니다. 또한 지금 우리가 있는 3차원 이외에 다른 차원까지 정화했습니다. 이것으로 내 안에 있는 오래된 인연이 모두 정화된 것이지요.

다카오카 휴렌 박사님을 만나는 것만으로 우리 선조가 탄생한 시점까지 거슬러 올라가 정화되었군요. 개개인이 같은 일을 하면 세계가 놀라운 기세로 변화할 거라 생각합니다.

휴렌 호오포노포노가 목표로 하는 제로 상태라는 것은 아무것도 존재하지 않는 상태기 때문에 우주에 빅뱅이 일어나기 전까지 거슬러 올라가서 정화를 할 수 있습니다. 마음속으로 네 마디 말 "사랑합니다, 미안합니다, 고맙습니다, 용서하세요."를 되뇌어도 좋고 블루 솔라 워터를 마시고 정화해도 좋습니다.

인간은 왜 고통에서 헤어나지 못할까

히토미 우리는 육체를 가지고 태어나기 때문에 고통과 아픔에서 자유로울 수 없습니다. 현실 세계에서 우리는 매일 싸우고 있습니다. 왜 인간은 육체에 속박되어 집착하고 고민과 고통에서 헤어나지 못하는 것입니까?

휴렌 우리는 원래 무無에서 깨닫는 존재로 만들어졌지만 창조 때부터 축적된 기억이 육체에 투영되어 그렇습니다. 매일 싸우고 있다고 말하셨는데 그 싸움은 밖이 아니라 자기 안에서 일어나고 있습니다. 자기 안에 있는 고통과 고민이 육체에 그대로 투영될 뿐입니다. 그러므로 실제로 밖에서는 아무것도 일어나지 않은 것입니다.

가령 누군가의 몸 상태가 좋지 않을 때는 주위 사람들의 생각이 그 사람의 몸에 투영되어 그런 것입니다. 다시 말해 우리의 기억이 병을 일으키고 있습니다. 그러므로 기억을 정화하면 몸이 좋아집니다. 이렇듯 밖에서 일어나는 모든 일의 원인은 자신에게 있기 때문에 자신의 책임입니다. 자신의 의식 속에 있는 기억이 병은 물론 고민과 고통을 만들어 내기 때문에 그 기억을 제거해야 빛이 잠재의식을 통과하게 됩니다. 빛을 방해하는 원인은 바로 자신이므로 스스로를 정화하면 잠재의식을 통과한 빛이 초의식을 거쳐 신성한 존재와 공명하게 됩니다.

저는 2007년 11월에 후나이 유키오 씨를 처음 만났습니다. 만나기 전에 "내 안에서 무엇이 일어나고 있습니까?"하고 내 안에 질문을 해 봤습니다. 사람과 만날 때는 만나야 할 어떤 이유가 있습니다. 내가 누군가와 만난다는 것은 내 안에 정화해야 할 기억이 있기 때문입니다. 만약 내 안에 남아 있는 기억이 없어 제로 상태에 있었다면 후나이 씨와 만날 일은 평생 없었을 겁니다. 후나이 씨는 흔쾌히 저를 맞이해 주었는데, 이는 제 안에 있는 어떤 기억을 놓아 버릴 순간을 만들어 주었다는 뜻이기도 합니다. 후나이 씨를 만나기 전에 정화를 했듯 일본에 올 때 저는 반드시 출발하기 전에 연을 만들어 주신 분들을 정화합니다. 무엇을 정화하고 있는지 그 내용은 알 수 없어요. 왜냐하면 표면의식의 100만 배나 되는 기억이 있기 때문에 다 파악할 수가 없습니다. 그러나 의식을 보내서 기억을 제거할 수는 있습니다.

오늘 여기 들어오는 순간 새끼 돼지가 뒤뚱뒤뚱 걸으며 엄마 돼지를 찾고 있는 영상이 나타났습니다. 그것도 모두 기억 때문입니다. (대담을 진행한 건물 근처에는 정육점이 있었다. 휴렌 박사는 그 사실을 몰랐다.) 여러분과의 만남을 계기로 내 안에 있었지만 지금껏 알아차리지 못했던 부분을 신성한 존재가 보여 주고 그것을 제거할 수 있는 기회를 제공한 것입니다. 그 기억들을 정화해서 제로가 되었다면 그걸로 끝입니다.

캘리포니아의 우드랜드힐이라는 곳에서 워크숍을 했을 때의 일입니다. 워크숍에 참가한 카메라맨의 카메라가 울고 있었습니다. 카메라맨에게 연유를 물었더니 어느 스태프가 상을 당해 장례식장 사진을 찍고 워크숍에 왔다고 대답하더군요. 그런 사진을 찍고 왔기 때문에 슬픈 기억이 카메라에 담겨 있었던 것입니다.

그런 일이 있었던 터라 오늘도 엘리베이터를 타고 있는 동안 이 빌딩 전체의 전기 시스템과 공기 정화 시설 등의 기억을 모두 정화해 두었습니다.

호오포노포노를 하면 모든 문제가 해결된다

히토미 지금 이 시각 홋카이도 도야코에서 G8 정상 회의가 열리고 있는데 세계 각국 대표들의 의견이 좀처럼 모아 지지 않고 있습니다. 이라크, 아프가니스탄, 팔레스타인에서는 전쟁이 끊이지 않으며 아프리카에서는 수많은 아이들이 기아로 죽어가고 있습니다. 우리 모두가 정화를 하면 세계적인 규모로 생각해야 하는 이러한 문제들도 해결할 수 있을까요?

휴렌 그런 문제는 각 나라의 대표들이 해결하는 것이 아니라 스스로 정화를 하면 해결되는 문제입니다. 많은 사람이 정화에 참여할수록 그런 문제는 간단하게 해결됩니다. 생명이 탄생했을 때부터 전쟁은 끊이지 않았습니다. 시기에 따라 형태는 달랐지만 전쟁은 항상 있어 왔습니다. 20세기를 전쟁의 시대라고들 하지요. 그러나 21세기가 되어도 전쟁은 계속되고 있습니다.

나는 세계 각국에서 강연과 클래스를 하고 있습니다. 독일, 네덜란드에도 백 명 단위의 호오포노포노 강좌가 있습니다. 그러나 나는 여기저기 돌아다니는 것을 좋아하지 않습니다. 사실은 산속 어딘가에서 조용히 산책을 하는 편이 훨씬 좋습니다. 하지만 나는 사람들에게 이 세상에서 일어나고 있는 일이 100% 자기 자신의 책임이라는 것을 알려야 합니다. 다들 원인이 밖에 있다고 생각하지만 사실 모든 일의 원인은 내 안에 있으니까요. 이를 진심으로 알아준다면, 그래서 세상 사람들이 정화에 동참하게 되면 국가 간에 일어나는 문제는 물론이고 인간관계로 인해 생기는 스트레스와 병도 모두 해결될 것입니다. 나는 이 사실을 전하기 위해 전 세계를 돌며 강연을 계속하고 있습니다.

'신을 죽인다'는 것은 어떤 의미인가

다카오카 『호오포노포노의 비밀$^{Zero\ limits}$』 중에서 휴렌 박사님은 '신을 죽인다.'는 표현을 하셨습니다.

"나는 '신을 죽이고 집에 도착하도록'이라는 말을 들었다."
"신을 어떻게 죽입니까?"
"정화를 계속하면 된다."

이 부분에서 '신을 죽인다'는 것은 어떤 의미입니까?

휴렌 신에게 의지하면 자신에게 하나의 종교가 생깁니다. '신을 죽인다'는 표현에서 내가 말하고 싶었던 것은 '자신이 만들어 낸 신에 대한 착각과 선입관'을 떨쳐 버리라는 것입니다.

다카오카 우리는 일과 사람에 대해서 자기도 모르는 사이에 착각이나 선입관을 가지기 쉽죠.

휴렌 무엇이 맞고 무엇이 틀리다는 생각에서 전쟁은 시작됩니다. 자신을 정당화하는 것이 전쟁을 일으키는 원인입니다. 이것을 설명하기 위해서 '신을 죽인다'는 표현을 사용한 것입니다.

이는 콜로라도에서 열린 클래스에서 나온 질문에 대해 제가 한 대답입니다. 질문한 여성은 이 말을 듣고 화가 나서 정화도 하지 않고 돌아가 버렸기 때문에 제가 대신 정화를 하고 클래스를 마쳤습니다. 이후에 주위 사람들로부터 그 여성이 제 발언을 비판했다는 얘기를 들었습니다. 나는 그것 역시 내 책임으로 받아들이고 정화했으므로 그 여성도 더 이상 비판하지 않게 되었습니다. 그 여성이 질문한 것에 대해서 내가 정화를 하지 않았다면 그 여성의 증손자 중에 정신지체아가 태어날 뻔했습니다. 만약 내가 정화를 하지 않아 증손자 중에 정신지체아가 태어나면 내가 그 책임을 져야 할 것입니다.

신이 시련을 준다고 모두들 생각합니다. 하지만 신이 시련을 주는 것이 아니라 자신이 해야 할 일을 하지 않기 때문에 생기는 것입니다. 그저 이러한 일들이 반복된 결과일 뿐입니다. 이를 두고 인도 사람들은 '카르마', 일본 사람들은 '업'이라고 하지요.

'100% 나의 책임'을 명심하자

히토미 장애아를 둔 어머니는 아이에게 장애가 있는 것이 자신의 책임은 아닌지 자책하며 고민한다고 합니다. 그것도 100% 자신의 책임이라고 생각하는 게 좋습니까?

휴렌 그런 식으로 생각하기 전에 정화를 계속하면 됩니다. 그 아이가 어떤 상태든 어머니가 정화를 제대로 하면 그 아이 스스로 가장 어울리는 장소를 찾아 나서게 됩니다. 그러나 부모가 아이에 대한 집착을 떨치지 않으면 어머니의 의식에 묶여서 아이는 아무 데도 가지 못합니다.

어머니들이 아이의 장애를 자신의 책임이라고 생각하고 자책

하는 것은 자기 자신이 아니라 주위 사람들이 그렇게 생각하기 때문입니다. 그런 생각이 어머니로 하여금 아이의 장애를 자신의 책임으로 생각하고 움츠러들게 만듭니다. 그러나 누군가 한 사람이라도 그 생각을 제대로 정화하면 어머니에게 그런 부담이 돌아가지 않습니다.

간질을 앓고 있는 한 남자아이가 있었습니다. 그 아이는 뇌에도 장애가 있다는 진단을 받았다고 합니다. 그 아이의 할머니는 계속 정화를 했습니다. 그랬더니 그 소년은 6년 후 문자를 쓰고 읽을 수 있게 된 것은 물론, 수영도 잘하고 말도 또박또박 잘해서 2년이나 월반을 했다고 합니다. 그러므로 간질이라고 한정짓는 것은 주위 사람들이 지닌 잠재의식의 기억입니다.

확실하게 정화를 하면 어떤 병에 대한 기억이든 모두 제거할 수 있습니다. 그것을 알아차리지 못하는 사람들이 '불완전하다'는 선입관에 빠져 있을 뿐입니다. 그러나 그들도 제로 상태에서 환자를 본다면 병이라는 진단은 절대 내리지 못할 것입니다.

육아에 어떻게 적용할까

히토미 정말 놀라운 이야기입니다. 아이를 키우면서 가르치는 일과 자신이 제로 상태가 되는 일 사이에는 간극이 있다고 생각합니다. 육아를 할 때 어떤 생각을 하면 좋을까요?

휴렌 어머니가 제로 상태가 되면 아이에게 필요한 것이 자연스레 전해집니다. 직감이나 번쩍하는 아이디어가 자연히 내려와 자신이 할 일을 하도록 유도합니다. 하지만 어머니가 "아이는 이래야 한다, 저래야 한다."고 말하면 아이는 그 기억에 갇혀서 자유롭게 살아갈 수 없습니다.

한 여성이 아들이 대마초를 펴서 걱정이라며 상담을 요청해 왔습니다. 아들이 대마초를 피는 것에 대해 어머니가 걱정하는 상황이 계속되는 한 그 아이는 대마초를 계속 필 것입니다. 하지만 어머니가 그 마음을 떨쳐 버리면 아이는 대마초를 자연스레 그만두게 됩니다. 어머니들은 '자식이 그만두기'를 바라지만 어머니 자신이 먼저 이런 생각을 그만하면 됩니다.

히토미 어머니는 자기 배로 낳은 자식에 대해 강한 집착을 가지고 있습니다. 아이가 성장할수록 아이를 컨트롤하고 싶다는 기분을 떨쳐버릴 수 없습니다. 어쩌면 아이가 사춘기에 겪는 여러 문제를 통해 어머니가 성장하는 것인지도 모르겠습니다.

휴렌 간단히 말하면 아이는 어머니에게 과제를 주기 위해 존재합니다. 어머니가 그 사실을 알아차리는 순간 자식의 역할은 끝나고, 어머니는 제로 상태가 됩니다.

가장 좋은 육아 방법은 임신하기 전부터 정화를 해 두는 것입니다. 그러면 자신에게 가장 어울리는 영혼이 나타납니다. 어머니의 인생에 천사가 나타나는 것이지요. 아이가 천사로 태어나면 어머니에게 문제를 주지 않습니다. 그러나 대부분 천사가 아니라 문제를 주는 아이를 점지받습니다. 그래서 아이 일로 걱정하는 부모가 매우 많습니다.

아이에게 정화하는 방법을 가르쳐 두면 부모는 아주 편한 마음으로 제로로 돌아갈 수 있습니다. 저도 딸아이가 정화를 시작한 이후로 마음이 많이 편해졌습니다. 부모는 부모대로, 아이는 아이대로 각자 정화를 하면 더욱 좋은 관계를 유지할 수 있습니다. 저 역시 아이에 대한 의존이 많이 사라진 것 같습니다. 지금은 서로 간섭하지 않는 관계를 형성하는 중입니다.

엄마가 자유로워지면 아이도 은둔형 외톨이에서 벗어난다

히토미 현대사회에는 은둔형 외톨이가 점차 늘어나고 있습니다. 일본에는 은둔형 외톨이 아이들이 자그마치 160만 명에 이르고 있습니다. 이 아이들은 방에 틀어박혀 밖으로 나오지 않습니다. 이런 경우, 어머니가 정화를 하는 것만으로 문제가 해결될 수 있을까요?

휴렌 어머니가 아무리 은둔형 외톨이 문제를 해소하기 위해 정화를 하더라도 그 현상이 바로 바뀌지는 않습니다. 그러나 어머니 자신을 정화하면 얘기가 달라집니다. 아이가 방에 틀어박혀 있더라도 어머니가 거기에 반응하지 않게 되고, 그러면 아이는 그 변화를 자연스레 알아채고 자신이 가야할 장소로 가서 행동을 취합니다. 어머니의 자유로운 모습을 보고 아이 역시 자유로워져도 되겠다고 생각하는 것이죠. 이렇게 호오포노포노는 정화를 한 사람에게만 좋은 일이 일어나는 것이 아니라 모두에게 좋은 영향을 미칩니다.

히토미 무언가를 하기 위해 '이렇게 혹은 저렇게 하고 싶다.'

고 생각하는 것도 에고^{ego} 때문이라고 볼 수 있을까요?

휴렌 호오포노포노에서는 에고 자체를 생각하지 않습니다. 무언가를 특정한 방식으로 하고 싶다는 욕구는 단지 기억이 재생되어 생겨난 것입니다. 욕망 때문에 정화를 해서는 안 됩니다. 정화는 순수한 마음으로 해야 합니다. 욕망 자체가 기억으로 인해 생긴 것이기 때문입니다.

우리의 의식은 두 가지 상태입니다. 영감을 받고 있는 상태 아니면 기억에 좌우되고 있는 상태입니다. 영감을 받고 있다는 것은 제로 상태를 의미합니다. 기억은 지식을 가져와서 욕구를 일으키고 행동하게 만듭니다. 반면 영감을 받고 있을 때는 아무 생각 없이 자연스럽게 행동하게 됩니다.

앞서 홋카이도 도야코의 G8 정상 회의에 대해 언급했는데 그 회의에서 하는 이야기는 모두 기억에서 나온 것입니다. 그들은 사람을 바꾸려고 하지만 스스로 변화하려는 생각은 조금도 하지 않습니다. 그러므로 우리가 호오포노포노로 자신을 바꾸는 쪽이 세상을 더 빨리 좋은 곳으로 만드는 지름길입니다.

세상 모든 것에는 존엄한 의식이 있다

다카오카 휴렌 박사님은 건물이나 물건도 스스로 정화를 하도록 가르친다고 들었습니다. 구체적으로 어떻게 가르치십니까?

휴렌 깊은 애정과 존경심을 가지고 건물에게 먼저 물어봅니다. 예를 들어 마음속으로 이렇게 말을 겁니다.

"당신을 순수한 상태로 만들어 주는 청소법을 알고 있습니다. 당신이 원한다면 그 방법을 가르쳐 드리고 싶습니다."

그것을 원한다는 상대의 승낙을 받고 나서 정화를 하면 마치 성스러운 물이 건물 전체를 친절하게 씻어준 듯한 상태가 됩니다. 지금 우리가 있는 이 방에 말을 걸어 봤더니 "조금이라도 생화가 있으면 좋겠다."라고 하는군요. 아주 적어도 괜찮으니까 매일 이곳에 꽃을 놔두면 좋을 것 같습니다.

히토미 꽃꽂이가 아니더라도 상관없나요?

휴렌 화분이 좀 시들하면 "무슨 말을 하고 싶니?"라고 물어보고, 생기가 넘치면 "기분이 좋은가 보네."라고 말을 걸어 주세요.

그러면 식물과 자연스레 대화를 할 수 있습니다.

저는 "아이스 블루"라고 말하며 식물을 만집니다. 그러면 슬픔이라든지 고통스러운 기억이 제거됩니다. 식물이 그런 기억들을 정화하고 치유해 주는 것입니다. 식물은 마사지나 척추지압chiropractic을 받는 것보다 훨씬 간단하게 사람을 치유해 줍니다. 인간이 만질 수 없는 부분까지도 말이죠.

백합을 예로 들어 볼까요. 이 꽃은 죽음에 대한 기억을 제거해 줍니다. 백합은 가족 중에 누군가가 죽어서 슬픔에 잠겨 있거나, 죽음에 대한 걱정과 공포에 사로잡힌 사람을 치유해 줍니다.

식물은 이렇게 사람을 치유해 주는데 우리가 그 연결 고리를 잃어버린 것이지요. 그러니까 이 방에 꽃을 놓아두는 것은 사람을 위해서도 좋습니다.

2008년 3월에 오사카에서 호오포노포노 클래스가 열려서 겸사겸사 교토에 들렀습니다. 벚꽃이 흐드러지게 피어 있더군요. 교토 사람들은 자연과 함께 살고 있다는 느낌이 들었습니다. 일본인은 자연과의 연결 고리를 아직도 가지고 있습니다. 이것은 매우 중요한 일입니다. 만약 벚꽃나무를 직접 키우는 것이 힘들다면 벚꽃 사진을 찍어 그 사진 위에 손을 놓는 것만으로도 자연과 연결될 수 있습니다.

요즘 애완동물을 키우는 사람이 많습니다. 동물은 식물과 다른 부분이 있으므로 주의해야 합니다. 깨끗하지 않은 상태에서 만지면 애완동물이 병에 걸릴 수 있으므로 자신부터 깨끗이 하고 나서 만져야 합니다. 먼저 "아이스 블루"라고 말해서 자신을 제로 상태로 만들고 나서 만지도록 하십시오. 이런 관계는 동식물에만 해당되는 것이 아닙니다. 앞서 말했듯 건물을 비롯한 이 세상 모든 것이 의식을 가진 존재입니다.

가령 차가 자주 고장 나는 사람이 있다면, 이는 차 주인의 병을 차가 짊어져서 생긴 일입니다. 이런 경우에도 "아이스 블루"라고 말하고 나서 차에 타면 됩니다. 병을 짊어진 차를 그대로 타면 고장이 반복됩니다.

오랜 방황 끝에 감사의 마음을 갖게 되다

다카오카 아주 오래전 이야기입니다. 전생의 기억이 갑자기 되살아났는데 당시 저는 참 세상 물정 모르는 철부지였다는 사실을 알게 됐습니다. 전생에 저는 키워준 사람에게 애정을 가지고 감사하기는커녕 아무렇지도 않게 불평불만을 늘어놓는 사람이었습니다. 그때 기억을 떠올리자 마음속에서 미안하다는 말이 솟아올랐습니다. "나를 위해 열심히 애써 주셔서 감사합니다. 소중한 마음으로 저를 사랑해 주셨는데 감사하기는커녕 불만만 많았던 저를 부디 용서해 주십시오."라고 전생에 연을 맺은 사람들에게 감사의 뜻을 전하고 싶었습니다. 동시에 "나와 만난 모든 사람이 행복해지길 바랍니다."는 말이 용솟음쳤습니다. 그때는 호오포노포노를 몰랐지만 무언가의 인도로 인해 자연스럽게 호오포노포노와 같은 일을 했다는 생각이 듭니다.

20대에는 건강이 좋지 않아서 몸이 항상 무거웠습니다. 지금 생각해 보면 전생에 배은망덕한 짓을 하고 남에게 상처를 주었기 때문인지도 모릅니다. 그러나 그후 몸이 저절로 좋아지더니 운이 트이기 시작했습니다. '어떻게 하면 행복해질까?'를 고민하면서 여러 책을 읽는 동안 정화와 같은 현상이 자연스럽게 일어난 것 같기도 합니다.

휴렌 지금 이야기에서 매우 놀라운 부분은 다카오카 씨는 누군가의 지도를 받아 깨달은 것이 아니라 스스로 공부해서 알았다는 점입니다. 사람은 여러 길에서 깨달음을 얻을 수 있습니다. 좋은 지도자를 만날 수도 있고 그렇지 않을 수도 있습니다. 그러나 그 사람에게 맞는 방법을 통해 깨닫는 순간이 반드시 찾아오게 됩니다.

호오포노포노를 실천하는 사람들 사이에 자격이나 지위 같은 것은 없습니다. 우리가 전하는 바를 그들은 이미 받아들이고 있을 뿐입니다. 그러므로 저는 무엇을 하면 좋은지 참가자들이 이미 알고 있다는 전제 하에 메시지를 전달하고 있습니다. 개중에는 우리 클래스에 참가하면 좋은 답을 가르쳐 주지 않을까 혹은 종교 단체가 아닐까 하고 참가하는 사람도 있습니다. 하지만 우리는 절대로 그런 일을 하지 않습니다. 다만 이 일을 계속해 오는 동안 클래스에 참가한 사람들로부터 고맙다는 말을 자연스레 들어 왔습니다.

다카오카 씨도 경험하셨지요? 몸이 무겁다고 느끼는 것은 이른바 빚을 안고 있는 상태입니다. 영혼의 빚, 다시 말해 기억의 양이 무게로 나타나는 것입니다. 그러므로 몸이 무겁다고 느껴지면 영혼의 빚이 늘고 있다고 생각하고 기억을 정화해야 합니다.

어머니에게 받은 상처를 정화하려면

히토미 어릴 때 부모님이 이혼하셔서 어머니와 계속 단둘이 살았습니다. 사춘기 때는 힘든 일도 참 많았습니다. 스무 살이 되었을 때 사랑하던 어머니로부터 "넌 태어나지 말아야 했어."라는 말을 들었습니다. 너무 큰 충격을 받아서 그 말을 취소하라고 했지만 어머니는 사실이라며 거절하더군요.

어머니가 왜 그런 말을 해서 내게 상처를 주었는지, 그 이유는 어머니밖에 모릅니다. 그때 저는 자아를 잃어버렸습니다. 세상에서 가장 가까운 사람에게 그런 말을 들었기 때문에 '나는 도대체 무엇인가?'하고 고민하기 시작했습니다. 스무 살때부터는 '나는 누구인가?'라는 질문을 품고 살았습니다. 사는 것이 고통스러워 자살하고 싶다는 생각도 했습니다. 하지만 이 일을 계기로 영성에 관심이 생겼습니다. '나는 무엇인가?'라는 질문에 대한 답을 얻기 위해 20대에는 매스컴에 얼굴을 내밀기도 하고 인도에 머물며 정신 수양을 하기도 했습니다.

호오포노포노를 알았을 때도 '내게 상처를 준 어머니를 왜 용서해야 하는가, 어머니를 사랑한다고 과연 말해야 하는가'에 대해 먼저 생각했습니다. 도저히 용서할 수 없다는 감정에 꽉 막혀 버린 것입니다. 저는 어머니에게 키워 줘서 고맙다, 감사하다는 말은 할 수 있어도 미안하다는 말은 도저히 할 수 없었습니다. 반대로 어머니가 내게 용서를 빌기를 바랐습니다. 미안하다는 말은 내가 듣고 싶은 이야기였고, 용서한다는 말은 분한 마음을 억눌러야 입에 겨우 담을 수 있는 정도였습니다.

휴렌 '미안합니다, 용서하세요.'라는 말은 어머니에게 하는 것이 아닙니다. 자기 자신에게 하는 말입니다. 밖을 향해 말하는 게 아닙니다. 마음에 통증이 있는 부분을 그냥 말없이 안아 주고 자신을 용서하라고 말하세요. 이는 영혼이 성장하고 자유로워지기 위한 과정입니다.

원망은 신성한 존재가 보내는 빛을 차단한다

휴렌 히토미 씨의 경험은 드문 케이스가 아닙니다. 나는 여러 곳에서 비슷한 이야기를 들었습니다. 하지만 그런 일로 어머니를 원망하면 기억에 봉인된 상태로 계속 머물게 됩니다. 다시 말해 잠재의식 속에 있는 기억이 신성한 존재와 초의식에서 나오는 빛을 차단하게 됩니다. 어머니에 대해 분노를 느끼는 것은 무한정으로 들어오는 빛을 향해 블라인드를 치는 것과 같은 행위입니다. 그럴 때는 어머니에 대한 생각을 정화하는 것으로 신성한 존재에 거역하지 않을 수 있습니다. 그런 생각을 떨치고 기억을 제거하면 자연스레 영감을 얻을 수 있습니다. 이 모든 것은 어머니가 아니라 자기 자신을 위한 것입니다.

나는 자신의 아이를 사랑할 수 없다는 부모도 봤습니다. 부모이기 때문에 아이를 사랑한다는 것은 당연한 일이 아닙니다. 이것은 어쩔 수 없습니다. 왜냐하면 그 사람들도 기억에 조종 당하고 있으니까요. 이런 고민과 문제는 우리에게 깨달을 수 있는 기회를 줍니다. 문제가 있다는 것은 기억에 봉인되어 있다는 것이지만 여기서 비롯된 분노, 저항, 어둠을 떨쳐 내면 신성한 체험을 할 수 있습니다. 하지만 매우 어려운 일이기도 하지요.

이 기억은 어머니에 대한 형태로 나왔지만 실제로는 남성이 여성에게 가한 폭력과 학대 등 과거의 여러 문제가 뒤섞인 기억입니다. 다양한 기억이 점점 늘어나 붙어 버린 결과입니다.

그러나 히토미 씨가 말해 준 덕분에 그 문제를 서로 알고 정화할 수 있게 되었습니다. 100만 개 중 1개의 문제를 히토미 씨가 대표로 말씀해 주셨기 때문에 다른 사람들도 편해졌습니다.

집안의 문제를 끌어안고 있는 사람은 만성 두통을 앓기도 합니다. 그러나 정화를 하면 자신이 해야 할 일을 제대로 찾게 됩니다. 이들은 모두 부모에게 사랑을 받지 못했다거나 제대로 대접을 받지 못했다는 기억을 어딘가에 가지고 있습니다.

지금의 아이들 역시 놀라운 가능성을 가지고 있지만 여러 기억에 의해 가정과 학교라는 틀 안에 갇혀 자신에게 걸맞는 성장을 하지 못하고 있습니다. 게다가 문제를 안고 있는 가정의 아이는 학교뿐 아니라 지역과 사회에서도 문제를 일으킵니다. 이렇듯 기억은 연쇄적으로 작용합니다.

히토미 씨는 지금 목에 다이아몬드 목걸이를 하고 있군요. 그 다이아몬드를 만져 주면 어머니와의 문제가 좀 나아질 것입니다. 신성한 존재가 하토미 씨에게 그 다이아몬드를 주었습니다. 다이아몬드가 커팅된 것처럼 그 목걸이는 과거의 오래된 기억까지 전부 커팅해 주고 있습니다. 모든 사람이 다이아몬드를 만진다고 해서 똑같은 효과를 보는 것은 아닙니다. 하지만 히토미 씨의 경우에는 다이아몬드를 만지면 주위 사람들까지 자연스레 정화됩니다.

여성이 진정한 자유를 획득하려면

히토미 휴렌 박사님은 "이제부터는 여성이 빛나는 시대다."라고 말씀하셨습니다. 그 이유가 뭔가요?

휴렌 지금 이 질문의 진짜 목소리가 들렸습니다. 이 질문에 들어 있는 진정한 의도를 본인은 아직 알아차리지 못했을지도 모르지만 "여성이 어떻게 하면 진정한 자유를 획득할 수 있는가?"가 진짜 질문입니다.

어떤 생물이라도 자유를 원합니다. 왜 자유를 원하느냐면 자유 속에 깨달음이 있기 때문이죠. 인류의 오랜 역사 속에서 남성은 여성의 존엄을 인정하지 않았습니다. '여자는 입 다물고 시키는 대로 하면 된다.'는 것은 남성 중심적인 생각입니다. 수입에서도 격차가 컸습니다. 대부분의 여성은 가사 노동과 육아에 시간을 빼앗겼으니까요. 남성 중심의 역사 속에서 남성은 여성을 물건처럼 소유한다는 생각으로 대해 왔습니다. 그러나 여성이 가사와 육아, 노부모 수발 등 인내를 요구하는 일을 묵묵히 해 왔기 때문에 이 세상이 성립하고 있다는 사실을 잊어서는 안 됩니다.

시대가 바뀌거나 역사가 크게 움직일 때 그 뒤에는 반드시 여성이 있었습니다. 가령 그리스 신화에서는 헤라, 아테네, 아프로디테의 다툼이 전쟁을 일으킵니다. 일본 역사에서도 표면에 드러나지는 않지만 역사적인 사건이나 커다란 변화의 배경에는 어떤 형태로든 여성이 관련되어 있습니다. 여성이 실권을 쥐고 있기 때문입니다. 표면적으로는 소유 당하고 있는 듯하지만 실질적으로는 여성이 세상을 움직이고 있습니다. 세상을 지배하고 있는 것은 여성일지도 모릅니다. 여성의 존재와 일에 대해 남성은 더욱 감사해야 합니다. 하지만 지금까지 많은 여성은 마치 가정부 같은 취급을 받아 왔습니다.

일주일에 한 번 나와 상담을 하고 있는 하와이 남성이 있습니다. 그는 회사를 몇 개나 소유하고 있습니다. 언젠가 그의 회사에 임원들과 결정을 내릴 수 없는 문제가 생긴 적이 있습니다. 그때 그의 친구가 "문제를 해결할 수 있는 여성이 있어."라고 말했습니다. 그러나 그는 친구의 얘기를 귀담아듣지 않았습니다.

이후 회사의 매출은 점점 떨어졌습니다. 그는 여성에게 의지하고 싶지 않았지만 어쩔 수 없이 그 여성과 만나기로 약속했습니다. 회사를 찾아온 여성은 5분 동안 그와 얘기를 하고는 돌아갔습니다. 우수한 임원진들도 해결하지 못했던 문제를 그 여성이 단 5분 만에 해결한 것이지요. 고객의 사적인 일이기 때문에 그 여성이 무슨 말을 했는지는 밝힐 수 없지만, 그는 어쩔 수 없이 그 여성을 채용하기로 했습니다. 그리고 한 부문을 전부 맡겼습니다. 그랬더니 그 부문은 회사의 다른 모든 부문의 매출을 합친 것보다 네다섯 배 높은 성과를 올렸습니다.

이렇듯 여성을 해방시켜 의견에 더욱 귀기울이면 매우 놀라운 성과를 낼 수 있습니다. 그러나 여성은 본래 갖고 있는 존엄을 충분히 표현하고 발휘할 수 있는 공간이 적기 때문에 그 분노가 가끔 유방암으로 나타나기도 합니다. 분노의 기억은 여성 유방암의 가장 큰 원인입니다. 남성에게는 여성의 분노가 전립선암으로 나타납니다. 전립선암은 여성의 분노의 기억이 원인인 경우가 많습니다. 여성의 존엄을 인정하지 않고 욕망의 대상과 소유물로만 보는 사고방식이 남성과 여성 모두 행복하게 살 수 없는 세상으로 만들고 있는 것입니다.

일본은 지진이 많이 일어나는 나라입니다. 일본 여성이 안고 있는 분노가 아주 커서 그것이 대지의 흔들림으로 나타나고 있습니다. 여성을 사랑하고 여성의 존엄을 인정하면 지진이 감소할 것입니다.

가정 폭력과 전쟁도 정화를 통해 해결한다

다카오카 저도 그렇지만 가족, 직장, 지역, 국가, 세계 그리고 지구 환경 모두가 문제를 안고 있습니다. 전철을 타고 가다가 창밖으로 집들을 쳐다보며 생각에 잠기곤 합니다. 그곳에 살고 있는 사람들 역시 울고 웃고 기뻐하고 때로는 고통스러워하며 지내고 있겠죠. 아프리카에는 기아로 죽어가는 많은 사람들이 있고 국민에게 고문을 일상적으로 가하는 나라도 있습니다. 기아와 가뭄, 학대와 폭력으로 육체적 고통을 당하고 있는 사람들을 생각하면 혼자서는 도저히 감당할 수 없는 절망감을 느낍니다.

휴렌 당신이 지금 느끼고 있는 모든 것은 과거에 경험한 것들입니다. 전생에 당신이 그것을 체험했기 때문에 절망을 느끼는 것이죠. 경험이 없으면 느낄 수도 없습니다. 과거의 그런 기억이 잠재의식 속에 축적되어 있다가 오늘 나타난 것입니다. 그 기억을 제거하지 않으면 지금과 같은 일이 반복될 것입니다. 그 절망감, 나도 잘 압니다. 나도 물론 느낍니다. 그렇기 때문에 나는 더욱 정화에 매진해서 제로 상태가 되어야 합니다.

나는 세계를 돌며 호오포노포노 강연을 하면서 다양한 사람들을 만났습니다. 많은 사람들이 호오포노포노를 깨닫고 있다는 느낌을 강하게 받습니다. 수많은 사람들이 정화 방법을 배우고 실천하고 있습니다. 그래서 나에게는 더 이상 혼자가 아니라는 희망이 생겼습니다.

다카오카 특히 아동 학대와 폭력에 대해서는 더 마음이 아픕니다. 뉴스나 어딘가에서 그런 장면을 보면 가슴이 찢어질 것 같습니다. 이 세상에서 고문과 학대, 그리고 장기 매매 때문에 아이를 죽이는 일 따위는 사라졌으면 좋겠습니다. 하지만 호오포노포노는 오로지 자신의 내면을 향해 '사랑해, 미안해, 고마워, 용서해 줘.'라고 말을 겁니다. 그것만으로 세상이 정말 좋아질까요?

휴렌 자신을 항상 정화하면 그런 장면과 마주치지 않습니다. 학대나 고문 같은 폭력이 무섭다는 기억을 정화하면 폭력에 관련된 기억이 옅어집니다. 그 결과 폭력을 당하고 있는 아이와 사람도 자유로워집니다. 폭력이 일어나는 것은 폭력에 대한 기억이 있기 때문입니다. 이 기억을 제거하면 그런 일은 두 번 다시 일어나지 않습니다.

학대나 고문, 폭력과 무관하다고 여기는 사람들도 자신이 모르는 사이에 이런 기억에 영향을 받고 있습니다. 표면의식에 나타나는 기억의 100만 배나 되는 기억들이 잠재의식 속에 도사리고 있기 때문입니다. 그리고 언제 그것이 자신에게 영향을 미칠지는 아무도 모릅니다. 지금 다카오카 씨가 질문을 해 주었기 때문에 나는 이와 관련된 기억을 정화할 수 있었습니다. 이렇게 정화를 계속하면 많은 사람들을 폭력에서 구할 수 있습니다.

남성에 대한 여성의 원한을 없애려면

다카오카 이런 이야기를 꺼내기가 좀 부끄럽지만, 실은 제 남편은 입이 험한 편이에요. 지금은 저도 마음에 여유가 생겨서 정신적으로 안정이 되었지만 1년 전 아니, 6개월 전만 해도 그런 남편이 너무 싫어서 견딜 수가 없었습니다. 어떨 때는 남편을 증오했습니다. 호오포노포노를 알고 나서 몇 번이고 정화를 시도했지만 방법이 잘못되었는지, 상황이 좀처럼 나아지지 않았습니다. 그 정도로 제 기억이 의식 속에 뿌리 깊게 박혀 있기 때문일까요? 포기하지 않고 정화를 계속할 수 있는 방법이 있으면 가르쳐 주세요.

휴렌 지금 이 이야기를 정화하면서 들읍시다. 이 이야기는 우리 모두의 문제니까요.

남편분도 노력하고는 있지만 뜻대로 안 되고 있어요. 왜냐하면 남편 안에 그런 프로그램이 들어가 있기 때문입니다. 남편분은 자신이 하고 싶은 말을 하는 게 아니라 기억으로 프로그래밍된 폭언을 내뱉고 있을 뿐입니다.

이 책을 통해 가장 전달하고 싶은 메시지는 산 사람의 문제는 그 사람만이 아니라 모두의 문제라는 것입니다. 특정인의 문제라고 분리할 것이 아니라 우리 모두의 문제라는 사실을 받아들이자는 말을 전하고 싶습니다. 이 정보가 모두에게 전달되면 상황은 빨리 호전됩니다.

부부 간의 문제도 "그건 그 여자 개인의 문제다."라고 말해 버리면 아무것도 변하지 않습니다. 그런 기억은 몇천 년 동안이나 계속되고 있으니까요.

'고르디오스의 매듭'이라는 말이 있습니다. 알렉산더 대왕이 칼로 자른 복잡한 매듭으로, 이 매듭을 풀면 아시아의 왕이 된다는 전설이 있었습니다. 밧줄이 딱딱한 데다 매듭이 매우 복잡해서 알렉산더 대왕이 나타나기 전까지는 아무도 풀지 못했다고 합니다. 고르디오스의 매듭처럼 남녀 문제는 복잡하게 얽히고설

켜 있습니다.

여기에 지우개 달린 연필이 있습니다. 이 연필로 종이에 원을 그립니다. 잘 그릴 필요는 없습니다. 반복해서 몇 번이고 둥근 원을 그립니다. 그리고 연필 끝에 달려 있는 지우개로 지웁니다.

잠재의식의 기억은 연필로 그린 선과 같은 것입니다. 작은 지우개로 아무리 지워도 원은 완벽하게 지워지지 않습니다. 하지만 중간에 선을 끊으면 원의 흔적은 남지만 더 이상 원의 모양은 아니게 됩니다. 우리의 잠재의식 속에 있는 기억도 연필로 그린 몇 겹의 원과 마찬가지입니다. 깨끗하게 지울 수는 없지만 의식적으로 '사랑해, 미안해, 고마워, 용서해'라고 말할 때마다 신성한 존재에서 나온 빛이 조금씩 기억을 지워 줍니다. 표면적으로는 변화가 없는 듯하지만 잠재의식에 생기는 변화는 아주 큽니다. 그것을 느끼지 못하는 이유는 표면의식이 잠재의식의 100만 분의 1밖에 인식하지 못하기 때문입니다. 그래서 네 마디 말을 할 때마다 조금씩 정화되고는 있지만 문제가 사라지고 있다는 느낌이 들지는 않습니다. 남성에 대한 여성의 원한은 그만큼 뿌리가 깊습니다. 하지만 '사랑해, 미안해, 고마워, 용서해'하고 외칠 때마다 이 기억은 확실히 정화되고 있습니다.

정화의 시작은 내면의 아이를 사랑하는 것

다카오카 분노, 원한, 질투 등의 감정이 생길 때도 그 감정에 대해 '고마워, 사랑해'라고 말하면 되나요? 예를 들어 누군가를 심하게 질투할 때도 '질투, 고마워. 난 네가 좋아.'하고 말하라는 뜻인가요?

휴렌 예수 그리스도는 '원수를 사랑하라.'고 했습니다. 즉 시기와 질투를 사랑하라는 말이지요. 그런 감정이 생겼을 때는 사랑한다고 말하세요.

저는 조금 다른 방법을 사용합니다. 예를 들어 분노를 느끼면 그 분노가 무엇인지 궁금해하며 자신을 응시합니다. 그리고 내면의 아이에게 '우리가 왜 이런 일로 고통스러워야 하는지 모르겠지만 이건 그냥 버리자. 사랑해.'하고 속삭입니다.

그런 감정 때문에 제일 힘든 것은 내면의 아이입니다. 그래서 "항상 같이 있자, 같이 하자."고 먼저 말을 걸어 줍니다. 내가 의식하지 않은 일이 지금 일어나고 있다면 "그 일은 떨쳐 버리자." 하고 내면의 아이에게 부탁합니다.

다카오카 박사님은 자신과 대화를 하고 있는 것 같네요. 건물에 질문을 하기도 하시고요. 일방적인 게 아니라 반드시 말을 걸어서 상대의 목소리에 귀를 기울이는군요.

휴렌 그렇습니다. 초대를 받아서 간 곳이라고 해도 그 건물과 장소가 나를 받아주지 않으면 일이 잘 풀리지 않습니다. 그래서 나는 초대를 받으면 먼저 주소를 묻고 어떤 사람을 만나는지, 어떤 장소인지 확인하고 정화한 뒤에 방문합니다. 또한 약속 장소에 도착하면 건물에 인사를 하고 승낙을 받습니다.

모든 일을 시작할 때 정화를 먼저 하지 않으면 개개인의 잠재의식 속에 다른 기억이 들어가서 대립하기 때문에 정리가 되지 않습니다. 표면적으로 의견 조율이 안 된다는 것은 잠재의식에서 기억이 갈등을 빚고 있기 때문이죠. 모두의 의견을 모은 뒤에 실제로 일을 시작하려고 할 때, 문제가 발생하는 것은 잠재의식의 영역에서 합의를 이루지 못했기 때문입니다.

다카오카 회사에서 회의를 할 때도 마찬가지인가요? 사전에 멤버들의 이름을 떠올리면서 "정화를 해도 될까요?"하고 물은 다음 승낙을 받고 정화해야 한다는 말씀인가요?

휴렌 가장 중요한 것은 회사 그 자체가 정화된 상태여야 한다는 것입니다. 물건을 사용하거나 사람을 다루는 것도 마찬가지입니다. 완전히 정화된 상태에서 회의에 출석하면 투명인간처럼 있을 수 있습니다. 건물도 없고 사람도 없고 욕구도 없으면 기억도 없습니다. 제로 상태에서 모든 것이 가족처럼 하나가 됩니다.

진심으로 말하지 않아도 괜찮다

다카오카 호오포노포노를 실천할 때 부딪치는 벽은 좀처럼 솔직하게 말이 나오지 않는다는 점입니다. 마음속으로는 실감이 나지 않는데 말로만 실천하는 것에 거부감을 느끼는 사람도 있지 않을까요?

휴렌 그 기분, 저도 잘 압니다. 하지만 진심으로 '사랑해' 혹은 '고마워'라는 말을 하지 않아도 됩니다. 로스앤젤레스 클래스에서도 같은 질문을 받았습니다. 그곳은 엔터테인먼트의 도시라서 배우가 많습니다. 그들은 "억지로라도 감정을 실어서 해야 합니까?"라고 자주 묻습니다. 하지만 그럴 필요는 없습니다.

'원수를 사랑하라'라는 말에서 일컫는 사랑은 처음부터 진심을 다해 사랑하라는 뜻이 아닙니다. 먼저 상대방을 수용하고 난 다음에 사랑하라는 것입니다. 그러니까 말로만 해도 괜찮습니다. 컴퓨터에서 삭제 버튼을 누를 때 감정을 담아서 누르는 사람은 없습니다. 버튼을 누르듯 마음속으로 습관처럼 말을 되뇌기만 해도 충분합니다.

다카오카 그것뿐입니까? 아주 중요한 포인트네요.

휴렌 그렇게 정화를 하다 보면 알아차리기도 전에 문제가 사라져 버리고 몇 년 후에 그런 일도 있었지 하고 회상하게 됩니다.

제 할머니는 아르헨티나에 계시는데 꼬리뼈에 통증이 있어서 수술을 해야 했어요. 나는 그 얘기를 듣고 정화를 하면서 할머니에게 블루 보틀을 보냈습니다. 할머니는 지금도 블루 솔라 워터를 마시고 있다고 합니다. 언제부터인가 통증이 사라져서 당신도 언제 통증이 있었는지조차 잊어버렸다고 하시더군요.

내가 다카오카 씨라면 입이 험한 남편에 대한 짜증부터 정화할 것입니다. 이와 동시에 남편에 대한 기대감도 정화하세요. 자신이 정화하면 남편도 좋아질 거라는 기대감 말이죠. 이것들을 모두 정화하도록 하세요.

    이런 정화 방법도 한번 써 보세요. 자신의 내면을 몽롱하게 만드는 모든 원인을 육체와 영혼에서 떨쳐 내고 싶다고 생각하면서 변기에 흘려 보내는 이미지를 떠올리세요. 변기의 손잡이는 손이 아니라 발로 누르는 것이라야 합니다. 전신에 산재해 있는 불필요한 것을 모두 흘려 보낸다고 의식하면서 몇 번이고 발로 밟아서 계속 흘려 보냅니다. 컴퓨터의 바탕화면에는 '휴지통'이 있습니다. 휴지통에 있는 데이터를 완전히 비우려면 휴지통 자체를 한 번 더 비워야 합니다. 마찬가지로 쓰레기와 같은 기억을 다시 변기로 흘려 보내세요. 컴퓨터의 휴지통은 생각날 때마다 비우면 되지만 잠재의식은 항상 정화해야 합니다. 하지만 바쁘게 일을 하는 도중에는 정화를 할 수는 없으니 잠재의식, 즉 자신의 내면의 아이에게 알아차리지 못하는 부분까지 정화하도록 그 방법을 가르쳐 줍니다. 바탕화면의 휴지통을 클릭하여 '휴지통 비우기'까지 클릭하도록 가르치자는 거죠. 이렇게 잠재의식을 프로그래밍하면 기억은 자동적으로 제거됩니다.

부록
체험기

호오포노포노로 열린
놀라운 인생의 문

나의 호오포노포노 체험기

불행의 밑바닥에서 행복의 정점으로

누군가 15년 전의 내 인생에 대해서 묻는다면 스트레스와 분노, 실망과 두려움으로 가득 차 있었다고 대답할 것이다. 그때는 생활비조차 없어서 고생을 참 많이 했다. 당시 나는 싱글맘으로 아들을 키우고 있었다. 나는 항상 자살하고 싶은 기분에 사로잡혀 있었다.

16년 동안 싱글맘으로 살아가기란 사실 참 어려운 일이다. 그 시절에 나는 자아를 잃어버렸다. 슬픔과 불안, 실망이라는 어두운 감정들이 내 마음을 늘 지배하고 있었다. 지금 생각해 보면 나는 축적된 기억에서 악영향을 주는 기억만 골라내 반복적으로 재생하고 있었다.

아들의 존재, 아들과 함께 보내는 시간에서도 기쁨을 전혀 느끼지 못했다. 매일아침 잠에서 깨면 "또 고생 시작이구나." 하고 한숨이 먼저 나왔다. 그리고 자살을 생각했다. 수면제를 먹을까? 아들이 내 시체를 발견하지 못하도록 그냥 사라져 버릴까? 어떻게 하면 생을 조용히 마감할 수 있을지에 대해서만 계속 생각했다. 아침에 일어나는 것조차 할 수 없게 되었을 때 나는 친구들에게 죽고 싶은 마음을 털어놓았다. 모두들 용기를 주려고 했지만 내 생각은 바뀌지 않았다.

결국 의사의 도움을 빌리려고 병원에 갔다. 의사는 항우울제 처방전을 내려 주었다. 약국에서 차례를 기다리는 동안 그날따라 이상하게 아는 사람을 계속 만났다. 처음에 만난 사람은 나와 같은 호텔에서 근무하던 한 종업원의 어머니였다. 그분은 나를 칭찬해 주었다.

"아들이 여태껏 만난 상사 중에 당신이 가장 훌륭하다고 하더군요."

나는 그 말을 믿지 않았다. 겉으로는 좋아하는 척 했지만 속으로는 여전히 우울했다. 그런 칭찬을 듣고도 전혀 기쁘지 않았다.

그다음에는 아는 사람이 지나가면서 다정하게 말을 걸어 주었다. 마치 천사가 사람의 모습으로 변해서 내가 바보 같은 일을 벌이지 못하도록 막아 주는 것 같았다.

약국에서 세 번째로 아는 사람을 만났다. 유모차를 밀면서 들어온 그 여자 분은 내게 "잘 지냈어요?"하고 인사를 건넸다. 보통 때라면 "잘 지냅니다."라고 말하며 아무렇지 않은 척 넘어갔겠지만 그때는 "자살하고 싶은 기분입니다."라고 대답했다. 그분은 너무 놀라서 이렇게 말했다.

"말도 안 되는 소리 하지 마요! 부탁이니까 그런 말은 입에도 담지 말아요. 내 동생이 2년 전에 자살을 했어요. 2년이 지났지만 아직도 나는 동생의 죽음에서 헤어나지 못하고 있어요."

그리고는 나를 집으로 초대했다.

"부탁이 있어요. 아들을 데리고 오늘 밤 우리 집에 저녁 먹으러 오세요. 진짜 맛있고 힘이 나는 요리를 대접할 테니까."

식욕도 없고 폐를 끼치는 것 같아 거절했지만 몇 번이나 오라고 권해서 결국 저녁에 아들과 함께 그 댁에 찾아가서 맛있는 저녁을 먹었다.

집으로 돌아와서 나는 가방에서 항우울제를 꺼내 부작용에 관한 주의 사항을 읽어 봤다. 마치 약이 나더러 먹지 말라고 하는 것 같았다. 당시 아홉 살이던 아들에게 지금의 죽고 싶은 심정을 전해야 한다는 생각이 문득 들었다.

"엄마, 제발 부탁이야. 그런 거 하지 마."

"왜?"

아들은 조용히 말했다.

"엄마가 그런 일을 하면 나는 아주 슬프고 화가 날 테니까."

그 순간 눈이 번쩍하고 떠졌다. 우울증이 심한 나머지 아들에게 감정이 있다는 사실조차 잊고 있었던 것이다. 그후 나는 마음을 고쳐먹었다. 하지만 몇 년이 지나도 나는 새로운 삶으로 나아갈 수 없었다.

그러던 어느 날, 호오포노포노 클래스를 알게 되었다. 그리고 내 안에 있는 무엇인가가 그 클래스에 꼭 참가하라는 메시지를 보내왔다. 그것은 지금까지 내가 알던 것과 전혀 달랐다. 나는 자기계발과 관련된 수많은 책을 읽으며 행복에 대해 생각해 왔다. 하지만 호오포노포노만큼 깊이 있는 내용은 본 적이 없었다.

그런데 한번은 클래스 도중에 굉장히 불쾌한 일이 있었다. 어떤 부부가 나를 계속 피하는 것이다. 내가 무슨 나쁜 짓을 했나 싶어 고민에 빠졌다. 클래스를 수강할 때 자신의 문제와 불행한 상황을 리스트로 만드는 연습을 했는데, 나는 그 부부와 한 팀이었다.

한편 클래스를 수강하며 호오포노포노를 도저히 이해하지 못하는 사람도 있다는 사실을 알게 되었다. 나는 조용히 앉아 다양한 가르침을 흡수하려고 했다. 나에게는 호오포노포노 클래스가 매우 친근하게 느껴졌다. 잃을 것은 없이 그저 받기만 하면 되었다.

몇 주가 지난 어느 날, 전화가 걸려 왔다. 그 부부였다.

"그때는 참 실례가 많았습니다. 죄송합니다. 아무 이유 없이 그런 행동을 해 버렸어요. 용서해 주시겠어요?"

그 전화를 받고서 나는 정말 놀랐다. 그리고 그때부터 호오포노포노를 진정으로 받아들이기 시작했다.

호오포노포노를 매일 계속했더니 주변에서 좋은 일들이 점점 일어나기 시작했다. 아들은 당시 10대였는데 나는 부모로서 당사자인 아들보다 그 아이에게 득이 되는 것이 무엇인지 더 잘 안다고 생각했다. 그래서 클래스를 듣기 전에는 "내가 너보다 인생을 오래 살았으니 네게 무엇이 득이 되는지 더 잘 알고 있다."는 말을 자주 했다.

그러나 호오포노포노 클래스를 통해서 나는 아이의 자주성을 믿을 수 있게 되었다. 사람에게는 누구나 내면의 아이가 있다. 내 아들에게도 그만의 정체성이 있으며 자신이 생각하는 미래가 있다. 또한 호오포노포노는 내 안의 내면의 아이와 관계를 형성하게 해 주고, 자신을 갉아먹는 기억을 버리는 방법을 가르쳐 주었다. 나는 점점 아들에게 이런저런 잔소리를 그만두고 그저 나 자신의 정화에만 전념했다. 아들은 지금 잘해 나가고 있다. 아들이 자신의 내면의 아이와 일치된 삶을 살 수 있도록 내가 방해하지 않기 때문이다.

정화를 계속하자 기분이 점점 좋아지면서 요리사로 일하고 싶다는 생각이 들었다. 예전에는 몇 시간 동안 서서 조리하는 일이 너무 힘들다고 불평만 해댔다. 그러나 나는 호오포노포노를 통해 요리하는 기쁨을 되찾았다.

그 결과 창조적인 감각이 솟아나 프라이빗 요리사로서 성공을 거두게 되었다. 미국의 유명 비즈니스 잡지 《포춘》의 500대 기업 간부, 《포브스》의 리스트에 오른 사람들이 내 고객이 되었다. 고객과 어떻게 연결되었느냐는 질문을 자주 받지만 내가 한 일은 정화를 계속한 것뿐이다. 거의 대부분의 레스토랑에서는 요리사가 메뉴를 개발하지만 나에게는 정해진 메뉴가 따로 없다. 나는 명상을 통해 고객 개개인과 이벤트에 맞춰서 요리를 창작한다. 어떨 때는 고객이 주방에 들어와서 눈물을 흘리며 내 요리로 치유를 받았다고 고백하기도 한다. 호오포노포노 덕분에 나는 요리사, 기업가, 푸드 저널리스트, 식품 회사 경영자로서 성공할 수 있었다.

최근에는 일본의 한 식품회사에서 메일이 왔다. '글로 하와이'의 상품이 마음에 든다며 일본을 비롯해 전 세계에 팔고 싶다는 제안이었다. 이렇듯 놀랄 만큼 기쁜 일들이 많이 일어나고 있다.

하지만 기를 쓰고 사업을 확장할 생각은 없다. 완전해지면 만사가 풀리게 되어 있다.

  호오포노포노의 정화 과정은 매우 효율적이며 장시간 일할 때 필요한 만큼의 에너지도 제공해 준다. 또한 함께 있으면 일이 즐거워질 만큼 재능 있는 사람들을 불러들인다. 나 자신을 정화하면 모두가 행복한 가족이 되어 기분 좋게 일할 수 있다.

— 오리로 파 페이스 오가와 (글로 하와이 대표)

나의 호오포노포노 체험기

아이들은 신의 이미지 그 자체

올해로 호오포노포노를 시작한 지 9년이 되었다. 내게는 일곱 명이나 되는 아이들이 있다. 호오포노포노 덕분에 육아가 얼마나 편해졌는지 이제부터 얘기하려고 한다.

호오포노포노를 시작한 지 얼마되지 않아 당시 여덟 살이었던 쌍둥이가 싸우는 장면을 목격했다. 나는 방 한편에서 정화를 하기 시작했다. 그 전에는 아이들이 싸우면 어떻게든 멈추려고 갖가지 방법을 쓰곤 했다. 두 아이에게 말을 걸기도 하고 떨어뜨려 보기도 하고, 벌을 주고 칭찬을 하고 화도 내는 등 정말 별의별 방법을 다 써봤다. 하지만 호오포노포노는 매우 간단했다. 조용한 장소에 앉은 다음 정화를 하기만 하면 되었다. 정화를 거듭하는 동안 쌍둥이가 싸우는 횟수는 점점 줄어들었다. 싸움 때문에 내가 짜증을 내는 횟수도 줄었다. 쌍둥이는 이런 말까지 했다. "엄마, 그냥 놔두세요. 저희끼리 알아서 해결할 테니까요." 애들 말을 존중해 그냥 놔두고 정화를 하니, 정말 자기네들끼리 알아서 해결을 했다.

　언젠가 친구가 내게 "나, 엄마로서 어떻게 하면 좋을지 정말 하나도 모르겠어."라고 말한 적이 있다. 정말이지 가슴에 와 닿는 말이었다. 공감할 수밖에 없었다. 나도 아이를 어떻게 키워야 할지 몰랐기 때문이다. 엄마로서 아이를 어떻게 대해야 할지 참 막막했다. 자기 자신을 소중히 대하는 방법을 모르면 아이를 키우는 방법도 알 수 없다. 자신을 소중하게 여기고 지키면, 고민하지 않아도 아이들은 저절로 잘 큰다. 물론 행동도 좋아진다. 이렇게 되기까지 나는 하와이 사람들이 권하는 것을 그대로 따라 했다.

　"당신부터 먼저 정화하십시오. 다음은 당신의 파트너와 관계, 그다음은 아이와 관계, 그리고 다른 모든 것에 대해 정화하세요."
　이 순서가 틀리면 소소한 문제가 생길 수 있으니 주의해야 한다.
　한번은 한 아이가 엽서 크기 정도의 종이에 아름다운 수채화를 그려 왔다. 나는 그 그림이 참 좋았다. 이유는 간단했다. 아이들의 미래는 내가 아니라 아이 스스로 결정하는 것이라는 생각을 하게 만드는 그림이었기 때문이다. 내 희망은 신을 보듯 아이들을 바라보는 것이다. 한 사람 한 사람을 완전하고 어느 것 하나 부족함이 없는 존재로 보고 싶다.

부모 역할론에 대해서는 셀 수 없이 많은 이론이 나와 있다. 아이를 부모가 만든 틀에 밀어 넣어서 원하는 대로 만들고 이끌어가야 한다는 사람도 있다. 나도 사실 조언을 하고 싶고 무엇이 아이에게 가장 좋은지 엄마인 내가 제일 잘 안다고 생각할 때도 있다. 그러나 지금은 이런 생각이 잘못되었다는 것을 깨달았다. 아이들을 이끄는 것은 내가 할 일이 아니다.

부모로서 무엇을 해야 할지 모르는 상황에서 나는 먼저 나 자신의 내면을 들여다본다. 그리고 무엇을 어떻게 해야 할지 그 방법을 모색해 본다. 나는 행동을 취하기 전에 반드시 나 자신을 정화한다. 마음대로 잘 되지는 않았지만 그래도 끈기를 가지고 반복하다 보니 성과가 보이기 시작했다.

예를 들어 아들의 여자 친구 문제를 꼽을 수 있다. 위의 아이들 중 한 명이 여자친구 때문에 고민을 하고 있었다. 아들 녀석은 무척 우울해 보였다. 평소라면 "왜 그러니?"하고 바로 물어볼 테지만, 묻기 전에 정화를 하니 "자신의 내면을 보시오."하고 인도하는 목소리가 들려 왔다.

나 자신을 들여다 보니 고등학교와 대학교 때 인간관계로 우울했던 기억이 되살아났다. 아이에게 말을 걸기 전에 이렇게 나 자신을 먼저 살폈다. 아들에게 물어보는 것이 좋은지 나쁜지 확실하게 알게 될 때까지 계속 정화를 했다. 6주가 지난 뒤 나는 아들에게 점심을 같이 먹자고 했다.

아들은 많은 얘기를 해 주었다. 여자친구 때문에 어떤 고민을 하고 있는지, 헤어지자니 지금까지 지낸 시간이 너무 아깝다든지, 여자친구가 필요 없다는 생각도 든다는 등의 얘기를 하는 동안 나는 묵묵히 나 자신을 정화했다. 밥을 다 먹고 나서 아들은 나를 꼭 껴안으며 "엄마, 밥 잘 먹었어요."라고 말했다. 그날 아들에게 전화가 왔다. 점심을 먹은 뒤에 여자친구를 만나러 갔는데 그녀가 그저 친구로 남았으면 좋겠다고 하더란다. 아들은 내게 그 순간이 자기 인생에서 가장 멋진 이별이었다고 전했다.

또 다른 아들은 고등학교 육상부에서 원반던지기 선수로 활약하고 있다. 최근 코치에게 원반던지기를 잘 하는 요령을 배우고 있는데, 천천히 어깨를 뒤로 당기고 심장을 축으로 해서 원반을 회전시키면 빠른 속도로 멀리 보낼 수 있다고 한다. 나는 정화를 하자 다른 부분이 아이의 몸을 리드를 하고 있는 것이 보였다. 머리를 먼저 돌리고 나서 몸이 나가고 있었다. 기억이 정확한 방법을 실천할 수 없게 교란하고 있었다. 아들이 연습할 때마다 나는 그 아이를 지켜보면서 정화했다.

남편 역시 나와 같은 마음을 가진, 동등한 지위에 있는 부모라는 사실을 깨달았다. 나는 가끔 "내가 맞아. 절대로 내가 맞다고!"하며 고집을 피우기도 하지만 정화를 하면 '도대체 누가 맞는 거야?'하는 생각이 들면서 고집이 점점 누그러지고 양쪽 모두 맞다는 결론에 이른다.

　일곱 아이를 돌보며 내가 해야 할 일은 아이들을 바라보는 것이 아니라 나 자신을 살피는 일이라는 사실을 알게 되었다. 아이들에 대해서는 걱정마라. 아이들은 아름답고 완벽한 신 그 자체이기 때문이다.

― 메어리 코러

나의 호오포노포노 체험기

희망으로 가득 찬 단순한 방법

 2007년 봄, 오랜만에 친구 부부를 만났다. 이 부부는 세계 평화를 위한 모임에서 활동하고 있었다. 이들은 일본 정부에 평화와 관련된 기관을 신설하려는 목표 아래 '평화부 프로젝트 점프'라는 모임을 이끌고 있다. 평화부는 전쟁부터 가정폭력에 이르기까지 다양한 갈등 상황에서 폭력에 의존하지 않고 창조적인 대화로 문제를 해결하는 방법을 모색하는 정부 기관을 일컫는다. 이들은 평화부의 기본 이념인 '평화의 문화'를 널리 알리는 활동도 하고 있다. 평화는 '평화로운 마음'에서 나온다고 믿고 있는 사람들의 모임이기도 하다.
 이 모임의 대표인 키쿠치 씨의 동지이자 남편인 모리타 켄 씨는 미국에서 참가한 호오포노포노라는 불가사의한 이름의 워크숍에 대해 얘기해 주었다. '사랑해, 미안해, 고마워, 용서해.' 이 네 마디로 세계가 바뀐다는 내용이었다. 메일로 보내온 호오포노포노 이야기를 읽었을 때 강한 호기심이 들었던 건 키쿠치 씨 부부가 그 워크숍에 대해 아낌없는 칭찬을 했기 때문이었다.

 2000년 8월 나는 영국의 글래스톤베리에 가서 다양한 평화 활동을 펼쳤다. 그런데 그 와중에 멤버들 간에 소소한 다툼이 끊이지 않았다. 나는 '평화를 사랑하는 평화적인 사람' 안에 있는 상처가 이러한 현상의 원인이라고 생각한다. 그 고통은 평화 활동을 향한 원동력인 동시에 다툼의 씨앗이기도 했다. 나는 딜레마에 빠졌다. 키쿠치 씨 부부처럼 폭넓게 평화 활동을 해 온 사람이라면 더 많은 딜레마 상황을 목격했을 것이다. 어떤 활동이든 책임지는 입장이 되면 가장 가까운 사람에게 스트레스를 발산해 버리기도 한다.

 오랜만에 만난 이들 부부가 호오포노포노에 대해 말할 때는 일종의 경건함마저 느껴졌다. '변혁'이라고 할 수 있을 정도로 많이 변한 것 같았다. 호오포노포노 덕분에 그리 변했다면 호오포노포노에는 분명 세상을 바꾸는 힘이 있을 것이라는 확신이 들었다. 드디어 내 자신을 평온하게 해야 할 시기가 온 것이다. 하지만 어떻게 해야 할까? 당시 나는 정신적으로 혼란스러웠고 심신이 무거운 돌덩이에 짓눌려 있는 듯 무거웠다. 도대체 왜 이렇게 많은 문제가 생기나 싶을 정도로 연속적으로 트러블이 일어났다. 잇따른 사건으로 인한 스트레스와 팔도 올라가지 않을 정도로 심한 육체적 고통 때문에 잠을 이룰 수 없었다. 그러자 사고하는 능력도 떨어지고 일도 잘 풀리지 않았다. 동고동락해 온 동료와 얘기하는 것도 힘들 지경이었다.

2001년 1월에 '서로 죽이지도 않고 싸우지도 않는 게임'을 제작하려는 친구들과 투자가들을 연결하는 데 성공해 반 년 만에 드디어 제작사를 설립할 수 있었다. 사실 나는 십수 년 동안 상품 기획과 광고 제작을 담당해 왔기 때문에 게임에는 전혀 문외한이었다. 제작사를 설립한 이후에는 경영진에 들어가지 않고 공식 사이트를 제작하는 일을 맡기로 했다. 지금까지 전례가 없었던 환경을 소재로 한 게임을 제작하기 위해 독자적인 콘셉트와 기획을 마련하고 거의 매일 카피라이터, 시나리오, 아트 디렉터와 함께 게임 제작에 대해 의논했다.

회사인 만큼 어쨌든 이익을 내야 했으나 설립한 지 1년도 채 되기 전에 투자가들에게 받은 1차 투자금이 바닥을 드러냈고 프로덕션의 직원들은 전원 해고되었다. 이후 나는 월급을 받지 않는 조건으로 2003년 3월에 '리듬 포레스트'라는 친환경 게임 개발 프로젝트를 시작했다. 리듬 포레스트는 조림(숲을 조성하거나 관리함)을 할 수 있게 만드는 게임으로, 이는 세계에서 처음 하는 시도였다.

나는 국제 협력 NGO를 찾아다니며 협력을 구했다. 사원들이 월급을 받지 않고 있다는 등의 경영 상태가 알려지기라도 했다면 계약은 성립되지 않았을 것이다. 생각만 해도 식은땀이 흐른다. 좋게 말하면 특정 경영자가 없는 목가적인 기업 풍토가 우리의 매력이었으며, 우수한 창조력과 자발적인 동기부여가 우리의 재산이었다.

조림이 가능한 세계 최초의 휴대전화용 콘텐츠 '환경에 좋은 소리 게임' 등을 기획하고 출시하면서, 외부의 힘을 빌려 성공의 발판을 만들어 나갔다. 2005년에는 '조림 거점'을 구글 어스에 보여주는 게임 '그린 어스 매핑Green@Earth Mapping'의 체험판을 제작했다. 체험판을 '지구 사랑 박람회'에서 발표하는 동시에 일본에서 소프트웨어를 발매해 화제가 되었다.

2006년 2월에는 심포지엄 참석차 일본에 온 구글 어스의 개발자 마이클 존스 씨가 그린 어스 매핑 프로젝트의 홍보 영상을 보더니 내 손을 꼭 잡고 기뻐하며 이렇게 말했다.

"이런 프로젝트를 위해서 구글 어스를 만들었습니다! 협력하겠습니다!"

구글의 협력은 대단한 힘을 발휘했다.

같은 해 봄에는 3년 동안 기상 이변 움직임을 관측하는 '벚꽃

전선(벚꽃이 피는 시기를 알리는 예보. 장마전선에서 따온 말)' 프로젝트를 '어스 데이 도쿄 Earth day Tokyo'와 공동으로 주최했다.

환경에 대한 관심이 점점 높아지고 있는 시점이었다. 홋카이도 도야코에서 개최될 G8 정상 회의까지는 2년이 남아 있었다. 그러나 당시 업무 파트너는 환경에 대해 관심이 전혀 없는 미디어 아티스트였다. 나 홀로 파트너를 찾기 위해 동분서주하며 여러 기업을 찾아가 협력을 구하는 나날이 이어졌다. 소개받은 기업을 찾아가 봐도 그다지 반응이 좋지 않았다. 2005년부터 나는 육체적·정신적으로 매우 힘든 나날을 보내고 있었다. 전 세계에서 환경에 대해 다양한 움직임을 보이기 전까지, 약 2년간 암울한 시기를 보냈다. 그때 친구 부부가 호오포노포노를 권하며 나에게 돌파구를 찾아 주었다.

"휴렌 박사를 만나 봐. 아주 놀라워!"

모리타 켄 씨의 말에 2007년 11월에 열린 휴렌 박사의 일본 첫 워크숍에 등록했다. 이틀에 걸친 워크숍에서 나는 희망을 얻었다. 그리고 희망을 얻는 간단한 방법도 알게 되었다. 워크숍에서 그렇게 큰 선물을 받으리라고는 생각도 못했다. 그저 '고마워, 미안해.'를 입버릇처럼 반복했을 뿐인데 어느 순간 '모두 내 책임이었구나.' 하는 깨달음을 얻었다.

2008년에 나는 'G8 정상 회의 NGO포럼'에 평화부 프로젝트 점프의 일원으로 참가했다. G8 정상 회의 의장에 '100만 인 서명 운동'의 성과를 전달하기 위한 수상관저 회의에도 참석했다. 그린 어스 매핑 프로젝트는 다음 프로젝트로 이어졌다.

2008년은 지구 환경이 인류의 공통 관심사로 떠올랐던 해다. 그때 일본에서 열린 호오포노포노 강연회는 성황리에 끝났다. 휴렌 박사님이 참가자에게 얼마나 경이로운 영향을 끼쳤는지 절감할 수 있었다.

— 사쿠라 나오미(그린 포톤 대표)

나의 호오포노포노 체험기

고향은 자신의 마음속에 있다

　브라질에서 신세를 진 선생님들에게 휴렌 박사님이 사랑, 감사, 용서로 하와이의 정신병원에서 환자들을 치유했다는 말을 듣고, 휴렌 박사님과 조 비테일 씨의 이야기가 담긴 『호오포노포노의 비밀$^{Zero\ limits}$』을 찾아 읽었다. 인터넷에서 호오포노포노를 검색해 보니 휴렌 박사님의 일본 강연에 대한 리포트가 올라와 있었다. 한 달이라는 짧은 시간 안에 이 모든 일이 일어났다. 우연이 계속되자 묘한 기분이 들었다.

　일본의 호오포노포노 코디네이터인 타이라 베티 씨의 배려로 2007년 11월에 호오포노포노 강좌를 수강하게 되었다. 처음 휴렌 박사님을 만났을 때 박사님의 겸허함과 솔직함에 큰 감동을 받았다. 특히 호오포노포노의 핵심이 '경험하는 일에 대한 모든 책임이 본인에게 있으므로 자신을 정화해야 한다'라는 것을 알게 되자, 지난 세월 누적된 피로가 한 번에 다 풀리는 듯했다.

　나는 어렸을 때부터 눈에 보이지 않는 것들에 대한 질문을 많이 해서 부모님과 선생님을 곤란하게 만들곤 했다. 나는 여러 종교와 사상에 흥미가 있었고 끊임없이 질문을 해대는 아이였다. 의문이 생길 때마다 혼돈에 빠졌고 감정이 격해졌다. 나는 침착하게 생각해서 행동할 수 없었다. 그 결과 나 자신에게 상처를 주고 주위 사람에게 폐를 끼쳤다. 그러고는 울면서 자신과 남을 책망했다. 결국 삶에 대한 의지마저 잃어버리고 이 세상에서 사라지고 싶다는 기분에 사로잡혔다. 그러나 아무리 죽어도 인간은 다시 태어나므로 인생에서 도망칠 수 없다는 사실을 알고는 어떻게 나를 정화해야 하는지 그 방법을 찾아 헤맸다. 여러 훌륭한 선생님을 찾아다니고, 책과 예술을 접하면서 살아갈 힘을 얻고 있었다.

그때 남동생이 갑자기 죽었다. 가족들은 사랑과 감사, 용서의 마음으로 서로 도와가며 정신적·육체적 고통을 이겨 냈다. 얼마 후 부모님의 나라이자 선조의 나라인 일본에서 공부할 기회가 생겼다. 도쿄에 혼자 살다 보니 친한 선생님과 친구들, 그리고 브라질에서 하던 예술 활동이 그리워져서 심신이 점점 허약해졌다.

이 무렵 호오포노포노를 수강했다. 이를 통해 가슴에 품고 있던 의문, 경험, 죄책감을 정화할 수 있었다. 내가 안고 있던 스트레스와 우울증은 대도시 생활이 익숙지 않고 자연 환경을 느낄 공간이 부족해서 생긴 것으로 믿고 있었다. 하지만 정화를 계속하자 도쿄 생활이 아주 매력적으로 느껴졌다. 거리를 걸을 때마다 이상할 정도로 행복한 기분이 들었다. 정화를 지속한 덕분에 모두들 합격이 불가능하다고 지원을 말리던 미술학교에도 입학할 수 있었다. 멋진 장소에서 미술을 좋아하는 사람들과 함께 공부할 수 있게 된 것이다.

호오포노포노를 끊임없이 계속하다 보면 자신의 어둠과 그간 모른 척해 온 감정을 가끔 마주치게 된다. 그때마다 이런 것들을 싫어하거나 책망하는 대신 사랑과 감사의 말로 보듬어 주면, 호흡도 편해지고 자기 자신을 보듬을 수 있다.

호오포노포노가 내게 가져다 준 선물은 셀 수 없을 정도로 많다. 그중 하나가 바로 오랫동안, 어쩌면 전생부터 계속 원해 온 내적 평화를 얻은 것이다. 이제 나는 경험에 책임을 지고, 죄책감에 애정을 쏟고, 자신을 계속 정화하는 것에서 행복을 느끼고 있다. 나 자신과 화해하면 가족, 친척, 선조 그리고 일본과 조화로운 관계를 맺을 수 있다는 사실을 깨달았다.

나는 오랫동안 마음속으로 '고향'을 찾아 헤맸다. 부모님은 일본인이지만 브라질에서 태어난 나는 일본과 브라질 양쪽에서 모두 생활해 왔다. 하지만 항상 어느 한쪽을 그리워했다. 정화를 하고 멋진 사람들과 만날 기회가 많아지면서 결국 고향은 내 마음속에 있다는 것을 깨달았다.

호오포노포노 강좌를 수강하면서 여러 예술가와 시인들이 전해 준 '원네스'를 접할 수 있었다. 나는 말로 표현할 수 없을 정도로 고요한 평화를 느꼈다. 휴렌 박사가 수업에서 정화 도구를 보여 줄 때마다 질문해서 사용법을 익혔고, 그 도구로 정화할 때마다 감동이 몰려 왔다. 나는 무척 즐거운 방식으로 과거를 정화할 수 있었다. 이제는 어떤 행동을 하기 전에 먼저 정화를 할 수 있어서 안심이다.

마지막으로 휴렌 박사님께 항상 기분 좋게 호오포노포노를 가르쳐 주셔서 정말 감사하다는 말을 전하고 싶다. 호오포노포노를 소개해 주고, 나를 위해 정화해 주신 많은 분들에게 감사의 말을 전한다.

"고맙습니다."

— 캐서린 미키

나의 호오포노포노 체험기

모든 것을 맡기고 살아가다

휴렌 박사를 만나 호오포노포노를 알게 되어 정말 행복하다.

10년 전에 어떤 사람이 내게 이런 말을 했다.

"이 우주에 당신이라는 사람은 단 한 명밖에 없습니다. 당신이 모든 것을 창조했다고 생각해 보십시오."

"당신이 만약 힘든 일을 겪는다면 자기 자신 안에 있는 무언가가 원인이 되었기 때문입니다. 그러므로 자신에게 물으십시오. 그냥 묻기만 하십시오. 대답은 찾지 마십시오."

그리고 얼마 후 이 말을 한 사람은 세상을 떠났다.

이후 '나 자신이 모든 것을 만들었다면 현실을 어떻게 컨트롤하면 좋을까' 하고 고민하기 시작했다. 질문만 하고 답은 찾지 말라는 말을 이해할 수 없었다. 그래서 답을 계속 찾아다녔다. 필요 없는 현실을 바꾸기 위해 새로운 관념을 가지려고 애썼다.

2007년에 인터넷을 검색하다가 우연히 '세상에서 가장 독특한 심리치료사'라는 글을 보게 되었다.

"나는 나 자신의 내면을 치유했을 뿐입니다."

"당신은 당신의 인생에 대해 전적인 책임이 있습니다. 당신의 인생에 존재하는 모든 것에 대해 단지 그것이 당신 인생에 존재한다는 이유만으로 당신이 책임을 져야 합니다."

이 글을 읽는 순간 내가 오랫동안 찾고 있던 것이라는 확신이 들었다. 나는 바로 호오포노포노 기본1 클래스를 신청했다. 수업 첫날 아침에 자리를 잡고 앉아 있는데, 뒤에서 누군가가 내 어깨에 손을 올리며 "모닝"이라고 말하면서 지나갔다. 그때는 아직 휴렌 박사의 얼굴을 제대로 알기 전이었다. 그후 이틀 동안 휴렌 박사는 내 옆을 지날 때마다 내 어깨에 가볍게 손을 올리고 지나갔다.

이상한 생각이 들어 마지막 날 휴렌 박사에게 그 이유를 물어보았다. 그러자 그는 나를 가리켜 "엔젤"이라고 말했다. 나는 영어를 모르기 때문에 가까이 있던 분에게 통역을 부탁했다.

"당신은 천사입니다. 당신의 몸을 살짝 건드리는 것으로 당신을 정화했습니다. 이제부터라도 의식을 공부하십시오."

이 말을 듣는 순간 과거의 고민과 고통에서 구원받은 것처럼 마음속이 환해졌다. 오사카와 도쿄에서 호오포노포노 강의를 듣는 동안 나의 내면세계는 확실히 변했다. 내면이 달라지자 현실도 놀라울 정도로 바뀌었다.

호오포노포노를 통해 깨달은 내용을 정리해 봤다.

- 내 인생의 모든 순간에 자유로워질 수 있는 기회가 생겼다.
- 이제부터라도 자유로워질 수 있다.
- 정화가 곧 모든 것이다.
- 정화를 통해 선택한다.
- 나는 아무것도 모른다.
- 나는 힘이 없다.
- 신성한 힘이 세상만사를 인도한다.

나는 다양한 상황에서 정화를 계속하고 있다. 인생을 컨트롤하려는 생각은 그만두고, 제로로 돌아가 모든 것을 흐름에 맡겼다. 나는 지금 사랑에서 나오는 바람을 느끼고, 바람이 나를 이끄는 대로 행동하고 있다.

— 엔도 와타루

나의 호오포노포노 체험기

의식은 매일 변하고 있다

호오포노포노는 스스로 찾아가서 탐구하는 것이 아니라 필요한 상황이 되면 당신을 찾아오는 것이다. 어느 날 아침에 이메일이 한 통 도착했다. 그것을 읽는 순간 나는 "우와!"하고 소리를 질렀다.

"내 자신이 100% 책임을 진다."

대단한 말이다. 이것은 의식의 대전환이다. 무슨 뜻이냐 하면 자신 주변에 있는 우주의 모든 것, 전쟁 문제, 즐거움, 슬픔을 전부 자신이 관리한다는 말이다. 별다른 실천법이 있는 것도 아니다. 단지 자신의 세계를 정화하면 된다.

우주의 데이터는 곧 자신의 데이터다. 자신의 내면에서 들려오는 작은 목소리는 부처나 예수의 마음으로, 당신의 내면을 매 순간 흘러 가고 있다.

메일을 받았을 당시 일본에는 호오포노포노 강연이 아직 열리지 않았던 때라, 휴렌 박사의 책을 외국에 주문해서 읽고 인터넷을 검색해서 자료를 구했다. 그리고 정화를 시작했다.

정화 덕분인지 몇 개월 뒤에 새로운 메일이 도착했다. 휴렌 박사가 일본에서 워크숍을 개최한다는 내용이었다.

워크숍에 참가해서 의식을 계속 정화했다. 그 이후 내 의식은 매일 변하고 있다. 날이 갈수록 호오포노포노의 의미가 더욱 심오하게 다가온다.

I love you! I love you! Thank you!

— 패트리스 줄리안

나의 호오포노포노 체험기

남쪽 낙원의 기적에서 배우다

낙원 같은 하와이에 이렇게 심오한 가르침이 있다는 사실을 알고 놀랐다. 그것이 동양 성현들의 가르침과 공통점이 많다는 사실을 알고 또 한 번 놀랐다. 특히 내가 주목한 것은 휴렌 박사가 하와이 주립 정신병원에서 보여준 기적이다. 그 기적은 호오포노포노의 가르침이 실질적으로 효과가 있다는 점을 시사한다. 호오포노포노를 가르침으로써 고혈압 환자의 혈압이 개선되었다는 논문도 있다. 호오포노포노를 실천하는 사람들에게 일어난 기적 같은 문제 해결 사례도 꾸준히 보고되고 있다.

그래서 나도 클래스에서 배운 것을 진료에 바로 적용해 보았다. 환자를 진료실로 부를 때 진료 카드에 적힌 이름과 주소를 보면서 '사랑해, 고마워.'라고 마음속으로 또는 작은 목소리로 두세 번씩 말했다. 그러자 아주 흥미로운 일이 벌어졌다.

진찰을 하는 동안 내 마음은 평소보다 더 온화해졌고 환자에 대한 친근감과 동정심도 더 많이 생겨났다. 감사의 말을 잊고서 환자와 대면했을 때와 비교해 보면 그 차이를 확실히 알 수 있었다. 이런 변화는 환자와의 관계만이 아니라 의사로서 나 자신의 정신적, 육체적 건강에도 좋은 영향을 주고 있다.

호오포노포노의 가르침을 이해하고 실천하면 평화와 안정, 감사와 애정의 마음이 확립되어 질병을 예방하고 치료하는 데 좋다고 생각한다. 더욱이 이런 내적 변화가 외적 환경으로 이어져 각종 문제가 해결되는, 기적 같은 변화를 낳는다고 확신한다. 그리고 호오포노포노의 가르침은 단지 개인의 문제를 해결하는 데 그치지 않고 세계의 평화를 확립하는 데 기여한다고 믿는다.

— 가네시로 쿠니히코(병원 원장, 의학 박사)

나의 호오포노포노 체험기

현실에서 기적 같은 일이 계속 일어난다

나는 제빵 일에 종사하고 있다. 직접 만든 효모와 국산 밀가루로 남편과 함께 빵을 만들고 있다.

나는 늘 '왜 지구는 전쟁과 환경 문제, 기아, 경제 양극화, 빈곤, 폭력으로 넘치고 있나? 어떻게 하면 문제가 해결될까? 나는 무엇을 위해서 살고 있나? 나는 도대체 누구인가? 나라는 작은 존재가 무엇을 할 수 있을까?' 하는 물음을 가슴에 담고 살아왔다. 제빵사인 남편의 도움을 받아 빵집을 경영하게 된 것도 이 물음에 대한 답을 구하기 위해서였다.

아이를 낳은 후에는 이러한 물음이 더 강해졌다. 사회와 정치인, 어른들이 나쁘다며 비난하고 포기하면 간단하겠지만 나는 그러고 싶지 않았다. "세계의 변화를 원한다면 당신이 변해야 한다."는 간디의 말을 명심하며 나는 '내가 할 수 있는 일'을 찾아서 해 왔다. 하지만 아주 중요한 무언가가 빠져 있다는 느낌을 지울 수 없었다. 적과 내 편으로 나누는 논리로는 해결할 수 없는 문제였다.

2006년 여름, 인터넷에서 '세상에서 가장 독특한 심리치료사'라는 글을 읽고 바로 이거라는 확신이 들었다. 수업에 꼭 참가하고 싶어서 호오포노포노 관련 사이트를 찾아 봤지만 강의는 모두 해외에서 열렸다. 어떻게 하면 일본에서 강좌를 열 수 있을지 혼자 고민했다.

그때 캐나다에 살고 있는 평화 철학 센터peace philosophy center의 간부 노리마츠 사토코 씨의 블로그에 게재된 호오포노포노 수업 체험기를 읽었다. 노리마츠 씨와 평화 교육을 하는 분들도 같이 참가한다는 사실에 용기를 얻었다.

그때 갑자기 '키쿠치 유키 씨에게 상담해 보자!'는 생각이 떠올랐다. 서로 얼굴만 아는 정도의 사이인데도 불구하고 일단 메일을 보냈더니 답장이 바로 왔다.

"평화부에도 필요한 겁니다! 하와이로 만나러 가요!"

정말 깜짝 놀랐다. 키쿠치 씨가 하와이에 가는 2007년 2월이 가까워오자 무슨 이유에서인지 내면에서 또 다른 내가 나타나 목소리를 높였다.

"무조건 하와이에 같이 가라!"

나는 내면의 목소리와 대화를 시도했다.

"가게를 쉴 수 없어."

"그럼 휴렌 박사에게 편지를 써."

"그런 거 너무 이상하잖아. 어떻게 써야 하는지도 모르고."

결국 하와이에 가기로 결정하자 잠겨 있던 문이 갑자기 눈앞에 활짝 열린 것처럼 상황이 명료하게 정리되었다. 휴렌 박사님에게도 생각나는 대로 '일본에 꼭 오시기를 바란다.'는 요지로 메일을 써서 보냈다. 그러자 아들의 네 번째 생일에 호오포노포노 재단의 오마카 오카라 씨로부터 "하와이에서 휴렌 박사와 함께 만납시다!"하는 전화가 왔다. 나는 아들을 데리고 하와이에 갔다.

그러자 실현 불가능한 일들이 연달아 일어났다. 오마카 오카라 씨가 만나기 전에 이름과 생년월일을 알았으면 좋겠다고 해서 출발 전에 그 정보를 보냈다. 그러자 하와이 행 비행기 안에서 기적이 일어났다. 밀가루 알레르기가 심한 아들이 갑자기 "엄마, 나 뭐든지 먹을 수 있게 되었어."라고 말했다. 달걀, 밀가루, 땅콩 종류가 들어간 제품이라면 빵은 물론이고 면이나 조미료만 먹어도 습진과 천식을 일으키던 아들이 갑자기 뭐든지 먹어도 괜찮다고 선언한 것이다. 믿을 수 없는 일이었다. 아들이 밀가루가 들어간 기내식 국수를 꼭 먹어야겠다고 고집을 부려서 어쩔 수 없이 한 가닥씩 먹어 봤다. 정말 아무 일도 일어나지 않았다. 이후 알레르기 증상은 두 번 다시 나타나지 않았다.

한편 휴렌 박사와 약속을 하지 않은 채 하와이에 갔던 키쿠치 씨 부부는 무슨 이유에서인지 호오포노포노를 믿을 수 없다는 태도를 보였다. 나는 억지로라도 키쿠치 씨 부부의 관심을 호오포노포노로 돌리려고 했다. 언제든 연락을 달라고 했던 오마카오카라 씨에게 전화를 걸었더니 바로 우리 모자를 만나러 와 주었다. 나는 휴렌 박사님까지 만나게 되었다. 휴렌 박사가 웃으며 말했다.

"정화란 이런 것이랍니다."

한쪽 구석에 있던 아들이 감동에 젖어 눈을 반짝거리며 이렇게 말했다.

"엄청나다! 엄마, 대단해요!"

통역도 해 주지 않았는데 아들이 영어를 정말 알아들었나 해서 놀라고 있던 내게 휴렌 박사가 말했다.

"아니, 마사토는 알고 있어요. 몸은 작지만 영혼은 엄마보다 훨씬 오래 되었거든요."

그리고 휴렌 박사는 나에게 일본에 돌아가서도 누구를 조종하거나 획책하려 하지 말고 오로지 정화를 계속하면 길이 열릴 것이라고 말해 주었다. 귀국 후 아들은 나의 든든한 이해자가 되어 주었다.

믿지 못하겠다던 키쿠치 씨 부부도 호오포노포노의 매력에 빠졌다는 소식이 들려왔다. 정말 놀라운 일이었다. 일본에서 호오포노포노를 널리 알리기 위해 힘쓰는 타이라 베티 씨를 알게 된 후로 매일하는 정화가 더욱 즐겁고 신선해졌다. 11월에 일본에서 호오포노포노 강연을 개최하게 된 것도 어찌 보면 기적 같은 일이다. 지금은 원래 직업으로 돌아와 정화를 계속하고 있다.

그리고 묘한 일이 이어졌다. 얼마 전 아버지가 대장암 선고를 받았다. 그런데 이 일이 있기 2개월 전쯤부터 암에 대해 중요한 조언을 한 의학 박사의 아들을 만나거나 암과 싸우기를 그만두고 나서 암을 극복을 했다는 사람을 만나 이야기를 나눴다. 또 암과 관련된 책을 보는 등 암과 관련된 일이 주변에서 계속 일어났다. 참으로 불가사의한 일이다. 그 덕분에 암은 불치병이 아니라 단식과 식사요법, 호흡법, 명상, 생각 등으로 치유할 수 있다는 사실을 알게 됐다. 그래서 대장암 선고에도 충격받지 않고 침착하게 부모님께 필요한 정보를 드릴 수 있었다.

솔직히 말해 정화를 하다 보면 어렵고 힘든 때를 만나기도 한다. 그러나 나는 매 순간 정화에 더욱 정진하려고 한다.

지금은 발효에 관련된 일을 하는 사람으로서 눈에 보이지 않는 곳에서 항상 열심히 일해 주는 미생물과 제빵 도구에게도 감사의 마음을 표현하는 것을 잊지 않고 있다.

— 다카키 노리(천연소재 빵 공방 리틀 트리)

나의 호오포노포노 체험기

마이 스위트 홈으로 가는 길

  나는 지난 25년 동안 '클래스 마니아'라는 말을 들을 정도로, 평판이 좋은 클래스라면 국내외를 구분하지 않고 쫓아다녔다. 이유는 간단하다. 내 자신과 주변의 현실을 어떻게든 바꾸고자 하는 마음에서였다.

  마흔네 살에 갱년기 장애와 우울증이 찾아왔다. 모든 의욕을 잃은 나는 회사를 휴면 상태로 만들고 집에 틀어박혔다. 밖으로 나갈 구실을 삼아 개를 키우면서 나를 더욱 행복하게 만드는 집이 없을까 궁리하다가 야후 부동산에서 매일같이 집을 알아보기 시작했다. 당시 나는 클래스 마니아인 동시에 2~3년에 한 번씩 집을 바꿀 정도로 이사에 중독된 사람이기도 했다. 그토록 원하던 도쿄 시내의 정원 딸린 주택으로 이사했지만 2~3주가 지나자 어느새 나는 인터넷에서 새 집을 찾고 있었다.

  친구들은 국내외에서 열리는 클래스에 관한 정보를 많이 보내주었다. 하지만 당시에 나는 우울증으로 무기력한 상태였고, 예전 생활에 지쳐 있었기 때문에 클래스에 별 흥미가 없었다.

그러던 어느 날, 오랜 친구 로빈이 재미있는 강연이 있다며 호오포노포노 홈페이지 주소를 보내왔다. 내용을 읽자마자 몸에 에너지가 솟아나기 시작했다. 그다음 주에 바로 로스앤젤레스로 날아가서 기본1 클래스를 수강했다. 그리고 일본에 돌아와서 매일 정화를 했다. 도중에 몇 번인가 좌절하기도 했지만 그래도 포기하지 않고 계속 정화를 했다. 그 당시 살고 있던 집에도 지금까지 내가 멋대로 한 행동에 대해 사과하고 감사의 마음을 전했다.

"정말 고마워. 여기에 이사 와서 기뻤어. 네 허락 없이 멋대로 인테리어를 고치고 정원 손질이 귀찮다고 불평만 늘어놓아서 미안해. 이 집으로 이사 온 지 벌써 3년이나 지났네. 그동안 우리 딸은 대학을 졸업해서 독립했고 아들은 원하는 대학에 들어갔어. 네가 인도해 준 덕분에 개를 키울 용기도 생겼어. 꿈이 모두 이루어졌어. 전부 네 덕분이야. 그간 미안했어."

그러자 집은 자신의 이름이 '테르마'라고 가르쳐 주었다. 테르마는 서른다섯 살로, 태어나서 처음으로 함께 사는 사람과 이야기를 하게 되어 정말 기쁘다고 했다. 그리고 나를 꼭 안아 주었다.

정화를 시작한 지 2개월가량 지나자 호오포노포노 미국 본부에서 11월에 휴렌 박사가 일본으로 강연을 올 수 있다는 연락이 왔다. 그때까지 집에만 있던 나는 너무나 자연스럽게 그리고 당연하다는 듯이 일본에서 개최될 호오포노포노 강연을 위해 당시 파트너였던 다카키 미노리 씨와 함께 일을 하기 시작했다.

마땅한 사무실을 빌리기 위해 오랜만에 인터넷으로 부동산 정보를 검색했다. 한참을 검색하다가 오래전부터 마음에 품고 있던 집을 발견했다. 그러나 그 집은 애완동물을 키우는 것이 금지였고 집세도 예산을 초과할 만큼 비쌌다. 하지만 옛날부터 동경해 오던 맨션이었기 때문에 부동산에 무작정 찾아 가서 집세에서 7만 엔을 깎고, 다른 초기 비용도 할인해 줄 수 없겠느냐며 협상을 시작했다. 그 사이 수업에서 배운 정화를 계속했다. 그러자 면접을 하고 싶다는 연락이 왔고 그 자리에서 바로 이사하기로 결정했다.

이사 날짜는 무더운 8월 초순으로 결정되었다. 테르마에게 지금까지 멋진 장소를 제공해 줘서 고맙다고 감사의 인사를 전했다. 테르마는 내가 스물여섯에 이혼하고 나서 꼭 여덟 번째로 이사한 집이었다. 테르마와 얘기하는 동안 애완동물을 키운다고 혹은 싱글맘이라서 안 된다고 거절당했던 과거의 기억이 떠올랐다. 그 순간 내가 25년간 짊어지고 있던 기억이 몸에서 빠져 나가면서 정화되었다. 테르마가 그 기억을 상기시킨 것이다. 정화가 끝날 즈음에는 현관 바닥에 무릎을 꿇고 앉아 얼굴을 바닥에 대고 눈물을 흘리며 깊게 호흡하면서 마음을 가다듬었다.

집을 나올 때 부동산 업자가 청소는 전문 업자에게 맡길 테니 놔두라고 했지만, 내가 테르마에게 해 줄 수 있는 유일한 일은 들어올 때보다 더 깨끗한 상태로 되돌려 주는 것이었기 때문에 혼자 열심히 집을 청소했다.

전에는 "아, 이런 집 정말 싫다!"며 집을 바꾸었지만 그때는 집이 너무나 사랑스럽게 느껴져서 이별이 가슴 아팠다. 그래서 수업 시간에 받은 매뉴얼에 나온 대로 정화 도구를 몇 개 사용했다. 그러자 도저히 발걸음이 떨어지지 않던 기분도 사라지고 마음이 아주 홀가분해졌다. 진정 이사다운 이사였다.

마음 상태가 평화롭다면 어떤 장소에서 살든 '마이 홈, 스위트 홈'이 될 수 있다. 호오포노포노를 통해 나는 지금 내 인생 최고의 '마이 스위트 홈'을 손에 넣었다.

— 타이라 베티(세린 주식회사)

후기

집필 중에 일어난 불가사의한 일

이 책을 집필하면서 블루 솔라 워터를 계속 마시고 시포트 상품을 몸에 지니면서 네 마디 말을 중얼거리는 습관이 생겼다. 그러자 집필을 하는 중에 불가사의한 일이 일어났다. 취재 내용을 녹음해서 문자 데이터로 만드는 일은 항상 전문가에게 맡기고 있다. 그래도 음원을 되돌려서 내용을 확인해야 하는 경우가 항상 생기기 마련이다. 장시간에 걸쳐 녹음한 내용 중에서 특정한 말을 찾아내서 확인하는 일은 사실 아주 귀찮다. 하지만 이번에는 컴퓨터로 데이터를 찾으니 원하는 곳이 바로 나왔다. 비슷한 곳이 몇 군데 있어서 그렇게 쉽게는 찾지 못할 것이라고 생각하면서 녹음 파일을 열었는데, 확인해야 하는 대목이 바로 나온 것이다. 오랫동안 취재를 하고 글을 써 왔지만 이런 경우는 처음이었다. 도저히 단순한 우연이라고는 생각할 수 없었다. 이것이 호오포노포노의 효과가 아닐까 생각한다.

휴렌 박사와 인터뷰에서는 호오포노포노의 철학적으로 심오한 부분과 '그저 네 마디 말을 반복하면 된다.'는 단순한 부분 간에 어떤 괴리감을 느꼈다. 그러나 이 괴리감은 휴렌 박사님의 친절한 설명으로 눈 녹듯 사라졌다.

지금까지 영성 관련 책을 몇 권이나 만들었지만 호오포노포노의 세계관처럼 모순이 없고 모든 것을 포괄하고 있는 내용을 접하기는 처음이다.

휴렌 박사에게는 상대방을 안심하게 만드는 아주 특별한 힘이 있었다. 그의 상징이 된 모자 그늘 밑의 웃는 얼굴에서 무한한 다정함을 느낄 수 있었다. 취재하면서 납득할 수 없는 부분은 방법을 바꾸어 가며 몇 번이나 물었지만, 나의 어리석은 질문이나 대답하기 어려운 질문에도 휴렌 박사님은 계속 미소로 답해 주었다.

또한 방일 중의 바쁜 일정에도 불구하고 늦게까지 장시간에 걸쳐 취재에 응해 준 휴렌 박사의 에너지에 놀랐다. 이 또한 호오포노포노의 효과가 아닌가 생각해 본다. 신성한 존재가 이 책의 출간을 인도하고 있다는 증거일 것이다.

원고 집필을 하면서 휴렌 박사님의 일본 매니지먼트를 담당하고 있는 타이라 베티 씨에게 많은 도움을 받았다. 타이라 씨의 헌신적인 노력 덕분에 책을 무사히 출간할 수 있다.

지금도 머릿속에서는 네 마디 말이 끊임없이 반복되고 있다.

사랑합니다. 미안합니다. 고맙습니다. 용서해 주세요.

―사쿠라바 마사후미

옮긴이 | 이은정

이화여자대학교를 졸업했으며 문부성 일본어교사 양성과정을 수료했다. 현재 번역 에이전시 엔터스코리아에서 출판 기획자 및 일본어 전문 번역가로 활동 중이다. 주요 역서로는 『도시락의 시간』, 『쉽게 배우는 만화 여자의 하루』, 『서른살, 만남에 미쳐라』, 『여자들의 생존법칙』, 『숫자의 척도』, 『물리선생님도 몰래 보는 물리책』, 『명품사원 명품업무』, 『행복을 위해 버려야 할 79가지』, 『남자는 그냥 아는데 여자는 배워야 하는 회사 대화법』, 『간편하게 냉동해서 쉽게 요리하는 냉동보관 요리법』, 『우아한 태팅레이스』, 『참방참방 비오는 날』이 있고 저서로는 『일본어 첫걸음』이 있다.

하루 한 번 호오포노포노

1판 1쇄 펴냄 2013년 11월 18일
1판 8쇄 펴냄 2025년 2월 21일

지은이 | 이하레아카라 휴렌 · 사쿠라바 마사후미
옮긴이 | 이은정
발행인 | 박근섭
펴낸곳 | 판미동

출판등록 | 2009. 10. 8 (제2009-000273호)
주소 | 135-887 서울 강남구 도산대로 1길 62 강남출판문화센터 5층
전화 | 영업부 515-2000 **편집부** 3446-8774 **팩시밀리** 515-2007
홈페이지 | panmidong.minumsa.com

도서 파본 등의 이유로 반송이 필요할 경우에는 구매처에서 교환하시고
출판사 교환이 필요할 경우에는 아래 주소로 반송 사유를 적어 도서와 함께 보내주세요.
06027 서울 강남구 도산대로 1길 62 강남출판문화센터 6층 민음인 마케팅부

한국어판 ⓒ ㈜민음인, 2013. Printed in Seoul, Korea
ISBN 978-89-6017-918-9 13320

판미동은 민음사 출판 그룹의 브랜드입니다.